예수는
사람을
죽인다

예수는 사람을 죽인다

초판 1쇄 인쇄 | 2024년 04월 22일
초판 1쇄 발행 | 2024년 05월 10일

지은이 | 임성은
펴낸이 | 김용길
펴낸곳 | 작가교실
출판등록 | 제 2018-000061호 (2018. 11. 17)

주소 | 서울시 동작구 양녕로 25라길 36, 103호
전화 | (02) 334-9107
팩스 | (02) 334-9108
이메일 | book365@hanmail.net

인쇄 | 하정문화사

ISBN 979-11-91838-21-3 03230

* 책값은 뒤표지에 표기되어 있습니다.
* 잘못 만들어진 책은 구입처에서 교환해 드립니다.

예수는 사람을 죽인다

임성은 지음

작가교실

❘이 글을 쓰기까지❘

나는 목사의 아들로 태어나서 어려서부터 자연스럽게 하나님을 믿는 신앙생활을 하게 되었다.

교회생활을 하는 것을 당연하게 여기며 청소년기를 보냈다.

그러다 서서히 의문이 생기기 시작했다.

하나님이 과연 있기는 한 것일까?

맹목적으로 당연하게 믿었는데 내 안에 확실한 믿음이 느껴지질 않았다.

그때부터 하나님이 과연 진짜 계시는 분인지를 묻고, 찾게 되었다. 한참을 지나 확실한 답을 가지게 되었다.

창조자가 없다면 이 땅의 자연의 신비와 인간 존재 등, 그 어떤 것도 설명할 수 없다는 것을 인정하게 되었다.

청소년기인 그때 나는 확실하게 답을 내렸다.

하나님은 계신다.

그때부터 나는 교회 일에 매우 열심히 참여했다.

학교 공부보다 하나님을 위해 살아야 한다는 생각에 교회 일에 더욱 열정을 쏟았다.

찬양단을 조직해서 전국을 다니며 집회도 많이 했다. 다양한 교파들의, 교회들의 초청을 받으며 집회를 했다.

목사의 아들로서 나의 삶은 늘 교회와 밀접해 있었기에 교회의 다양한 모습이 내 눈에 들어왔다. 또한 전국을 다니며 많은 교회들을 방문하면서 교회의 공기를 느낄 수 있었다.

그 젊은 날, 내 심장에는 이런 불이 타오르고 있었다.

'교회는 이래서는 안 된다. 개혁이 일어나야만 한다.'

한국 교회도 이대로 가다가는 유럽의 교회들처럼 곧 무너질 것이다. 하나님은 분명히 계신다는 것은 인정하겠는데 교회에는 안 계신 것 같다.

교회 회복의 꿈을 가슴에 품고 신학교에 들어가려고 했지만 갈 곳이 없었다. 어느 교파도 내 마음에 와닿지 않았다. 그러던 어느 날 우연히 한사랑선교신학교를 알게 되었다.

첫인상부터 감동이 크게 밀려왔다. 정말 내가 찾던 바로 그런 교회를 꿈꿀 수 있을 것 같았다. 가족들은 나의 그런 결정을 심하게 반대했다. 교단이 탄탄한 신학교에서 공부하길 원했던 것이다. 그러나 그들은 나의 고집을 꺾을 수 없었다. 그만큼 나는 교회 문제를 심각하게 느꼈기 때문이다. 결국 그곳에서 목사 안수도 받았다.

30대 초반, 나는 청소년 문화공간으로 교회를 개척하게 된다. 한국 교회를 회복해야 한다며 교회 개척 시작점에서 내가 속한 동의 교회들을 다 찾아다니며 교회 주보를 수집했다.

그리고 그 교회에 우리는 서로 하나가 되어야 한다고 메시지를 보내고자 편지를 쓰게 된다. 교회 숫자만큼 복사를 해 놓고 결국 다 버려 버렸다. 이제 막 개척을 시작한 사람이 교회에 관해 뭘 말한다는 것이 설치는 것도 같고 교만해 보이기도 할 것 같아서였다.

그때 내가 교회에 제안하려고 했던 나름의 이름을 붙인 운동이 있었다.

113 기도운동이었다.

이웃한 세 교회를 위해 하루에 한 번 이상 기도하는 것이었다. 이웃 교회가 경쟁대상이 아니라 서로를 중보하는 한 가족임을 전하고 싶었다.

이제 청소년들이 교회에 들어오기 시작했고, 나름 청소년 사역을 열심히 하고 있는데 사역에 혼란이 생겼다.

우리 교회를 나오는 아이들은 교회를 다니지 않은 가정에서 자란 아이들이 대부분이었다. 이미 담배를 피우고, 공부보다는 거의가 놀기를 좋아하는 아이들이 많았다.

그 아이들이 기도를 배우고 하나님의 뜻대로 살아야 한다는 말씀을 받아들이기 시작하면서 이제는 하나님의 뜻대로 살아야 한다는 생각은 할 수 있게 되었다.

그런데 그게 마음먹은 대로 되어질 수 없었다. 질풍노도의 시기, 호기심과 인간 본능의 욕구가 하나님을 이겨 먹기에 충분한 젊음의 열정이 능히 말씀을 이기고 그들의 삶을 끌고 가는 것을 막을 길이 없었다.

나는 말씀을 먹이고 기도를 가르치면 삶이 당연히 변할 줄 알았다. 그러나 앞에서와 뒤에서의 모습은 달랐다.

그럴수록 나는 더욱 강한 어조와 말씀으로 꾸짖는 설교를 하며 도전했다. 그러다 보니 행복하고 즐거웠던 청소년 문화 공간에 서서히 싸늘한 분위기가 감도는 것이었다.

아직은 어린 학생들이 따뜻함과 편안함, 여유를 느끼며 쉴 수 있는 공간이었는데, 꾸짖고 하나님의 뜻이라고 믿으라고 강요하다 보니 분위기가 무거워지는 것을 느꼈다.

그래서 마음을 다시 고쳐먹고 그때부터 사랑의 하나님을 말하기 시작했다.

아이들이 무슨 행동을 하든 웃어주고, 품어주고 이해해 주었다. 그러자 분위기는 한껏 좋아졌다. 그런데 당시 내 판단으로는 그들의 신앙이 심각하다고 생각했다.

그러면서 깊은 고민에 빠졌다.

도대체 어떻게 해야 하나?

사랑을 주어도 문제가 생기고, 강하게 이끌어도 문제가 생긴다. 어떻게 교회를 이끌어 가야 하는 것인가?

이런 고민을 하던 중 한 목사님을 만나게 되었다. 오직 성령으로만 살아가신다고 하는 목사님이었다. 그분과 대화를 나누면서 내가 고민하던 문제들이 풀리기 시작했다.

매일 만나서 말씀을 나누게 되었고, 내 마음에 많은 도전을 받게 되면서 결국 그 목사님을 우리 교회로 모시게 되었다. 나는 교인들과 함께 그분의 말씀을 들으며 겸손하게 배우기 시작했다.

날마다 모여서 말씀을 듣고 기도 시간을 가졌다.

그분은 성경말씀 신구약을 꿰뚫으며 원고도 없이 성경 이곳저곳을 펼치며 말씀을 전하는 아주 대단한 분이었다.

항상 성령을 앞세우며 오직 성령의 인도하심에 따라 사시는 분이었다. 그 기간 동안 나는 새로운 메시지와 새로운 라이프스타일을 배웠고, 나의 삶에도 아주 많은 변화가 일어나게 되었다.

그런데 문제가 생겼다. 교회의 젊은이들이 하나둘씩 떠나는 것이었다. 다음에는 누가 떠날지 예측이 가능하게 되었다. 어느새 몇 명을 제외하고는 다들 뿔뿔이 흩어졌다.

그 목사님은 주의 길은 거룩한 길이기에 진정한 믿음만이 그 길을 가니 어쩔 수 없다는 것이었다. 나 또한 이미 거룩과 순결의 길을 선언하고 동참했기에 내 마음에는 큰 동요가 없었다. 세상의 유혹에 끌려가는 것을 어찌할 수 없다고 생각하며 받아들였다.

그러던 중 나의 일생에 있어 갑작스럽게 너무도 크나큰 일이 닥친 것이다. 나는 너무도 괴롭고 힘들어 두 다리는 힘이 다 풀렸었고, 기도의 힘마저 잃어버렸다.

그때도 역시 매일 모여 밤마다 찬양과 말씀과 기도를 드리곤 했었는데 내 마음이 너무도 힘이 들어 목사님께 일주일 동안 쉬겠다고 말씀드리고 여행을 떠났다.

일주일 동안 나는 조금 숨을 돌릴 수 있었다. 하지만 상황은 여전히 힘들고 이 사건에 대해서는 누구에게 하소연을 할 수도 없는 것이라 혼자서만 움켜지고 지내면서 다시 돌아와 목사님을 만났다.

"이제야 조금은 살 것 같습니다."

이렇게 고백을 하는데 목사님의 반응이 너무도 이상했다. 교인들의 시선도 완전히 싸늘했다.

일주일 동안 목사님은 교인들에게 내가 시험당해 있으니 가까이 해서는 안 된다고 했고, 교제를 피하라고 인도한 것이다.

내가 영적으로 혼란되어 있기에 가까이하면 좋지 않으니 멀리하라는 것이었다. 성령을 따라 사는 사람들은 인간적인 것에 끌리면 안 되기에 거리를 두라는 것이다.

그동안 나는 교회의 모든 리더십을 다 내어드렸고, 교회 소식을 알리는 것만 하고 있었는데 영적으로 지금 어려워져 있으니 잠시 아무것도 하지 말라는 것이었다.

그러면서 내가 맡아 하던 교회 소식마저 당신이 다 하였고 성도들은 모두 다 나로부터 거리를 두는 것이었다.

그날 나는 오랫동안 함께 해온 교회를 떠나게 된다.

얼마나 울었던지… 너무도 아팠었다.

나는 그때 성령사역의 심각한 문제를 알게 되었다.

예를 들어, 어느 한 성도의 집에 불이 나서 한순간에 집이 다 타버렸다고 하자. 그 일로 그 성도는 그 충격에 너무 힘들어져 있는 상황이라고 하자. 그러면 교회는 그 성도에게 어떻게 하는 것이 옳은 것일까?

"너는 지금 영이 혼미해져 있다. 그러니 잠시 성도들 가까이에는 가지 말고 형제들과 교제를 조심하며 근신하라."

이렇게 권면한다면 이것이 성령의 인도하심일까?

사실 나에게 일어난 일은 그 이상의 일이었다.

그런데 성령의 뜻이라고 하는 처신이 그런 식이었다.

힘든 일을 만나 잠시 충격에 빠져 있을 때 교회라면 위로와 권면과 기도로 도와야 하는 것이 성령의 인도하심이 아닐까? 그런데 그들은 성령의 인도하심이라고 오히려 멀리한다.

모두가 나를 마주치게 되면 슬금슬금 피한다.

이 무슨 이딴 성령이 다 있을까?

내가 너무도 힘든 일을 만나서 잠시 고통스러워하는 것이 악령에게 이끌리고 있는 것일까? 아니면 그러한 지체를 악령이라고 멀리하는 성령충만을 사모한다고 하는 자가 오히려 악령에 이끌리는 것일까?

그 목사는 날마다 성령만을 의지하며 오직 말씀과 기도로 사시는 분이다. 그런데 성령의 뜻과 인도하심이라고 그렇게 판단하고 분리시키는 것을 보면서 나는 성령사역의 심각한 문제를 보게 된 것이다.

나는 그들의 중심을 너무도 잘 안다.

인간적인 것에 끌려 흔들리지 않고 오직 성령의 뜻대로 살고자 하는 순수한 마음임을 잘 안다.

그런데 무엇이 문제란 말인가?

나에게 있어 그때의 경험은 성령의 인도하심, 성령의 감동,

성령의 뜻을 이해하는 데 큰 도움이 되었다. 그때 나는 심한 충격을 받고 다시는 교회 목회를 하지 않겠다고 다짐했다.

어느 날 한 자매가 나를 찾아왔다. 그동안 모임 가운데 함께하지 못했던 자매였다. 갑자기 찾아온 그녀는 반드시 목회를 해야 한다는 것이었다.

날마다 찾아와 간청했다.

결국 나는 거절하지 못하고 다시 목회를 시작했다. 그동안 교회를 떠났던 성도들이 하나둘씩 모이기 시작했다. 교회는 다시 일어섰고, 뮤지컬 팀을 꾸려 전국을 돌며 선교 공연을 하는 등 열심히 활동하던 중 또 한 번의 큰 사건을 만났다.

그 사건 이후, 나는 다시 교회를 떠날 수밖에 없었다.

그 이후 필리핀에서 청소년 공동체를 운영하게 된다.

한국 학생들이 필리핀에 와서 함께 공부하고 생활하는 곳이었다. 정말 행복한 시간이었다.

그런데 어느 날, 한 여학생이 뎅기열 모기에 물려 너무 고통스러워해서 급하게 응급실로 입원했다. 의사의 진단은 얼마 살지 못한다는 것이었다. 거의 희망이 없다고 했다.

그때 나는 거의 기절할 뻔했다.

날이 밝자 담당 전문의가 진료하러 왔다. 그 의사는 너무도 여유롭게, 환자가 아주 좋아지고 있으니 걱정하지 말라는 것이었다. 아니, 새벽에 응급실 의사는 죽는다고 했는데 도대체 어떻게 된 거냐고 하니 누가 그런 말을 하더냐고 하면서 점점 나아지고 있는 것이라 했다.

밤새 근무하던 의사는 인턴이라 경험이 부족해서 오진을 한 것이었다. 이 사건은 나에게 있어 너무도 큰 경험이었다.

믿음이란 무엇인가?

과연 나에게 믿음이란 있는 것인가?

솔직히 죽는다는 이야기를 들은 순간 나에게 하나님은 보이지도 않았고 하나님을 찾지도 않았었다. 그냥 넋이 나간 상태, 이게 나의 전부였다.

내게 진정한 믿음이 있었다면 그때 분명히 하나님과 대화를 했을 것이다. 그런데 나는 아무런 대화도 할 수 없을 만큼 겨자씨만한 믿음도 없었던 것이다.

그 이후 또 다른 사건이 진정한 믿음이 무엇인지 그 길을 진지하게 찾는 계기가 되었다.

한 학생이 로마서를 읽다가 의문을 가졌다.

도대체 바울은 왜 이 말 했다 저 말 했다 하냐는 것이었다.

구원은 행위가 아니라 믿음으로만 얻는다고 했는데, 다시 행위가 강조되자 사람들은 혼란스러웠던 것이다.

나는 나름 답을 제시했지만 속 시원한 해답을 찾지 못했다.

나는 나 자신의 믿음의 세계에 대해 더욱 진지해지기 시작했다.

그 후 몇 년 동안 한국의 유명한 목사님들의 메시지나 세계적으로 영성이 있다고 하는 목사님들의 메시지들을 통해서 길을 찾아보려고 노력했다.

영성 있는 선교사들의 메시지를 연구했다. 하지만 그들의 메시지는 나의 의문을 해결해 주지 못했다.

그러던 중 하나님은 무조건적인 사랑의 하나님이고, 하나님은 우리에게 무엇을 요구하는 하나님이 아니라고, 오직 사랑밖에는 없는 하나님이라고 강의하시는 어느 의사의 이야기를 듣고 새로운 질문을 하게 된 것이다.

"조건 없는 사랑? 그런데 심판이 있잖아? 무조건 구원인데, 조건이 없는 구원인데 무엇으로 심판한다는 거지? 이게 뭐지?"

이것이 결국 2천 년 동안 풀리지 않은 믿음으로 구원과 행위구원의 문제였던 것이다.

지금도 교회는 이 문제를 해결하지 못하고 있다.

하나님의 사랑이 조건이 전혀 없는 무조건적 사랑이라면 심판이 없어야 맞는 것인데 진짜 조건없는 아버지 사랑이 맞는가? 여기에서 질문하기 시작했고 찾고 또 찾았다.

어느 날 나도 모르는 사이에 놀라운 깨달음이 찾아왔다.

생명의 비밀이 열린 것이다.

구원의 비밀.

그 비밀은 바로 생명이었던 것이다.

문제는 새 생명에 대한 오해였다.

어느 날 새로운 빛으로 들어온 생명의 빛의 세계가 열리면서 그 오랜 세월 동안 왜 그토록 방황할 수밖에 없었는지를 알게 된 것이다.

이 책은 그 깨달음과 감동의 기록이다.

이 글을 읽는 모든 분들이 그리스도의 생명이 무엇인지, 그 생명이 땅에서 사는 것이 어떤 것인지, 오직 그분만이 하나님의 아들임을, 오직 그분만이 구원의 주임을 알게 되기를 소망한다.

차례

01
하나님은 선악과를 왜 만드셨나?

성경에서는 하나님은 사랑이 많으신 분이라고 말한다.

아름다우신 하나님,

좋으신 하나님,

의로우신 하나님,

선하신 하나님 등등.

정말 선하실까?

선하신 분이 선악과를 만든다?

그렇게도 선하신 분이 어찌하여 사람을 이렇게 피곤하고 힘들게 할까?

선악과를 만들어 놓으시고 먹으면 죽을 것이라고 하신다.

그것도 제일 잘 보이는 동산 중앙에다 놓으셨다.

누가 봐도 먹음직스럽고 탐스럽게도 만들어 놓으셨다.

지능적이고, 뭔가 저질스럽고, 악의가 가득하며 보통 인간에게서도 찾아보기 힘든 사이코적인 이상한 짓이 아니라고는 할 수 없을 것이다.

또한 그런 것을 보고도 못 본 척 관심도 주지 않은, 멍청하고 아무 생각도 없는 그런 인간 존재로 만들지 않으시고, 호기심과 실험정신과 도전적이며 새로운 것들에 대해 궁금해하는 그런 존재로 만들어 놓으셨다.

아주 먹음직스런 열매를 동산 중앙에다가 주렁주렁 매달아 놓고 단 한 번만 먹어도 바로 죽인다?

이런 부모가 있다면 그를 어떻게 이해할 것인가?

이런 부모는 좋은 부모인가, 나쁜 부모인가?

이렇게 묻는 것조차 말이 안 된다. 좋은 부모, 나쁜 부모를 논할 만한 가치가 없다.

세상에서 정말 찾아보기 힘든 그 어떤 단어로도 표현할 수 없는 사이코 중에 사이코요, 더럽고 추잡하고 잔인하며, 악의가 가득한 저질 중에 저질인 이상한 행위다.

그런데 누가 그런 짓을 하였는가?

사랑의 하나님!

오래 참으시는 하나님!

선하신 하나님!

사랑의 신이라고 하는 그분이 그렇게 하신 것이다.

그 한번의 불순종으로 인해 평화로운 땅으로부터 쫓겨나 고통의 땅, 슬픔의 땅, 피 흘림의 땅에서 신음하며 수고하며 지내야 하는 저주를 내렸다.

그게 끝이 아니다.

그 저주를 자손만대까지 대물림시킨 것이다.

그것을 기독교에서는 원죄라고 한다.

원죄!

원한 적도 없고, 마음에 품고 있지도 않았고, 선악과를 먹은 적도, 쳐다본 적도 없는 이 땅의 자식들을 태어나면서부터 죄인이 되게 하신 하나님을 선하다고 할 수 있을까?

낙원으로부터 쫓겨난 인간들은 악과 저주가 가득한 땅에서 피눈물 나는 역사를 지금껏 써 내려오고 있다.

하나님!

도대체 왜 이러시는가요?

도대체 어떻게 이따위 취미를 가지고 계시는가요?

이렇게도 해괴망측한 분이 인류 역사 이래 어디에 또 있을까요?

악은 누가 만들었죠?

선악과라는 것을 만들어서 인간들을 이토록 고통스럽게

하시는 이유가 뭐죠?

미움, 분노, 적개심, 이런 것들은 누가 만든 거죠?

해도 해도 어느 정도지, 정말이지 이건 아니잖아요?

그러고서 아버지라구요?

그러면서 선하시다구요?

이놈아! 그러니까 날 우습게 여기지 마~

내 말이 그렇게도 우스운 거니?

난 한번 한다면 해.

사랑에는 책임과 의무가 함께 있는 거야~

법을 어겨도 괜찮은 것이 사랑은 아니지.

그러니까 선악과에 손을 대질 말았어야지~~~

하나님!

인정합니다. 법은 반드시 지켜져야죠. 그것도 창조자의 뜻을 거스르는 것은 도저히 용납할 수 없는 나쁜 짓이라고 인정합니다.

그러나 내가 도무지 이해가 안 가는 것은 먹을 줄 뻔히 다 알고 계시면서 그걸 동산 중앙에다 떡하니 전시해 놓으시고, 또한 인간에게는 호기심이라는 코드를 만들어 놓으시고, 그 꼬드김의 소리가 솔깃하게 느껴지는 감정도 만들어 놓으시고, 그걸 피해내라는 이상스런 시험이 이해가 가지 않는다는 것입니다.

걸려 넘어질 수밖에 없는 완벽한 덫을 만들어 놓고 걸려 넘어지니 죽여 버린다? 도대체가 이해가 되지 않습니다.

또한, 내가 그런 죄를 짓지도 않았는데 왜 태어나면서부터 죄인이죠?

애비가 죄인이니 자식도 죄인이라구요?

아담이 죄를 범한 지 수천 년이 흘렀습니다.

아담이 어떻게 생겼는지, 아담이 어떤 언어를 썼는지, 아담의 피부색은 어떠했는지, 나의 선조라고 하기에는 너무도 상관이 없어 보일만큼 멀고도 먼 인류의 조상이 지은 죄값을 왜 지금의 내가 받아야 하는지, 뒤끝이 길어도 그렇지 이건 너무 심한 것 아닙니까?

이렇게 억울한 일이 어디 또 있을까요?

아무것도 알 수 없는 그때.

아무것도 스스로 선택도 할 수 없는 그때.

내 의지와는 아무 상관도 없이 난 아무것도 한 것이 없이 일방적으로 태어나짐을 당했는데 태어났더니 넌 죄인이다~

누가 날 이 땅에 태어나게 했죠?

그런데 태어났더니 죄인이라구요?

아담의 원죄 때문에 어쩔 수 없다구요?

왜 모든 인간은 배신한 죄인이고, 그 죄의 대가로 고통과 탄식의 땅에서 피눈물을 흘리며 저주를 받아야 하는 것일까?

이런저런 궁금증과 물음들을 가지고 묻기도 하고 따지기도 하면서도 하나님을 내 삶에서 지울 수 없었던 이유는 심증적으로 성경의 하나님을 부정할 수 없었기 때문이다.

성경의 하나님을 세상에서 지울 자신이 없었기 때문이다.

그래서 더 묻고 또 물었다.

그러던 어느 날, 나는 뭔가의 실마리가 풀리는 깨달음이 있었다.

하나님은 선하시고 아름다우시며 의로우신 분이라는 것!

하나님의 완벽하심과 지혜로우심을 인정할 수밖에 없는 깨달음이 찾아온 것이다.

그동안 교회는 원죄론을 이야기하며 '아담이 선악과를 먹어서 우리가 벌을 받은 거야' 하며 이해할 수 없는 하나님으로 설명해 왔다. 그러나 하나님은 오늘날의 교회가 이해하는 것처럼 그런 분이 아니었다.

02
혼돈, 공허, 흑암

1

창세기 1장 2절

땅이 혼돈하고 공허하며 흑암이 깊음 위에 있고 하나님의 영은 수면 위에 운행하시니라

태초에 하나님이 천지를 창조하실 때 사용하신 재료가 있다. 그 재료는 혼돈이며, 공허이며 흑암이다.

뭔가를 만들려면 그 뭔가가 없어야 한다. 있는 것을 만드는 것은 창조가 아니다. 그러기에 창조에 있어서 반드시 있어야만 하는 재료가 있다.

창조는 말 그대로 아무것도 없는 가운데에서 생겨나게 하는 것이 창조인데, 창조하는데 무슨 재료가 있어야 한다는 것이냐 하겠지만 창조를 위한 전제가 분명히 있어야만 한다.

그 전제는 아무것도 없어야 한다는 것이다.

그래야 창조를 할 수 있기 때문이다.

그래서 태초에 창조하실 때 아무것도 없는 혼돈이요, 공허요, 흑암이었던 것이다.

혼돈에서 아름다운 질서를

공허 가운데서 꽉 찬 충만을

흑암 가운데서 빛을 만드신 것이다.

창조자가 창조하려고 할 때 반드시 재료가 필요하듯이 또 하나가 반드시 있어야만 창조가 가능하다.

그것은 믿음이다.

믿음이 없이는 결코 창조를 해낼 수 없다.

내가 말하면 무질서에서 질서가 만들어질 것이라는 믿음.

온통 어둠이지만 내가 말하면 어둠이 빛으로 밝혀질 것이라는 믿음.

아무것도 없고 완전히 혼돈 상태인데 뭔가가 생겨날 것이라고 생각하기에 만들 수 있는 것이다.

그것이 믿음이다.

하나님은 자신을 믿었다. 자신이 창조자라는 것을 알고 있기에 무엇이든 새롭게 하고, 고치고 변화시켜 낼 수 있음을 확실히 알고 있었다.

그 확신이 세상을 만들어낸 것이다.

하나님이 사람을 만드실 때 사람에게만은 자신의 형상대로 지으셨다고 하셨다. 이것이 수많은 동물들과 인간 존재와의 분명한 차이점이다. 그래서 사람도 하나님처럼 창조할 수 있는 것이다. 그 능력이 인간에게는 내재되어 있다.

뇌 과학으로도 그것이 이미 밝혀졌다. 인간의 무한 능력, 끝이 보이지 않는 인간의 무한세계….

모든 사람이 가지고 있는 능력을 사용하기 위해서는 자신에게 그 능력이 있다고 믿어야 한다. 성경에도 기록되어 있고 현대 과학이 인간의 무한한 능력을 증명하고 있음에도, 사람들은 그 능력을 믿지 못하고 두려워한다.

아무리 창조주의 형상이라고 말해도 믿지 못하고 그들은 여전히 어둡다고, 혼란스럽다고, 공허하다고 소리치기만 한다. 왜냐면 지금 자기가 마주하고 있는 그 상황을 두 눈으로 똑똑히 보고 있고, 자신의 온몸으로 그 사건을 마주하고 있으며 속에서 일어나는 감정들이 천둥처럼 소리치고 있기에 당연히 힘들고 고통스러울 수밖에 없는 것이다.

그러나 자신에게 그 능력이 있다는 것을 알고 있다면, 그 능력을 사용하면 되기에 그것은 더 이상 문제가 되지 않는다.

하나님의 형상에 대해서는 관심이 없는 사람일지라도 자

신 안에 그 위대한 힘이 있음을 알아차린 사람들은 그 힘을 이용해서 세상을 정복하고 있다. 그러나 하나님을 믿는다고 주장하는 사람들은 세상 앞에서 정말 무력하다. 그들이 가지고 있는 복음은 너무나 무력하다.

자신의 힘만을 믿고 스스로 세상을 담대하게 정복해 가는 사람들은 얼마든지 자기들의 힘을 믿고 어떤 문제들도 뚫고 나아간다. 자신을 믿고 강한 신념을 가진 사람들은 정말 위대한 능력을 발휘한다. 하나님을 믿지 않고 자기 자신을 믿는 믿음만으로도 충분히 세상을 정복해 갈 수 있음을 우리는 역사 속에서 수없이 많이 보아왔다. 아니, 이 땅의 역사는 그들이 만들어 온 역사라고 할 수 있다.

그런데 그렇게 자기 자신을 믿고 확신하는 이들의 믿음만도 안 되는 수많은 그리스도인들의 무기력한 믿음, 그걸 과연 믿음이라고 해야 할까?

하나님께 찬양도 잘하고 눈물로 기도도 열심히 하면서도 정작 믿음은 없다.

인간 안에 이미 그 무한 능력을 넣어 놓으셨는데 그것은 사용하지 않고 늘 불안해하며 하나님은 도대체 왜 나에게 이러시는지, 하며 불평하고 원망한다.

그러니 선악과 타령, 원죄 타령을 하게 되는 것이다.

창세기 1장

27절 하나님이 자기 형상 곧 하나님의 형상대로 사람을 창조하시되 남자와 여자를 창조하시고

28절 하나님이 그들에게 복을 주시며 하나님이 그들에게 이르시되 생육하고 번성하여 땅에 충만하라, 땅을 정복하라, 바다의 고기와 하늘 의 새와 땅에 움직이는 모든 생물을 다스리라 하시니라

처음부터 사람에게는 창조자의 DNA를 주셨다. 그래서 인간은 창조력을 지닌 것이다.

하나님이 인간을 사랑하신다면 마음껏 창조할 수 있는 재료까지 주셔야 한다.

모든 것이 완벽하게 이루어져서 할 일이 없다면 인간은 아무것도 이룰 수 없을 것이고, 삶은 아무런 감정이나 감격이 없을 것이며, 하나님처럼 좋았다고 외칠 일도 없을 것이다. 그래서 인간에게 자기와 동일한 창조 이전의 상태처럼 혼돈, 공허, 흑암을 주신 것이다.

조각가에게는 전혀 다듬어지지 않은 제멋대로 울퉁불퉁대는 상태의 돌덩이를 주어야 창조의 재미를 느낄 수 있다.

혼돈 가운데에서 하나님은 창조를 통한 즐거움을 누릴 수

있었다. 만들어 놓고 바라보며 행복해 하고, 또 만들어 놓고 바라보며 기뻐하는 하나님.

창세기 1장 2~4절

땅이 혼돈하고 공허하며 어둠이 깊음 위에 있고 하나님의 영은 물 위에 움직이고 계셨다.
하나님이 말씀하시기를 빛이 있으라 하시니 빛이 생겼다.
그 빛이 하나님 보시기에 좋았다.

하나님의 창조활동의 재료는 혼돈이요, 공허요, 흑암이었던 것이다.

사람은 무에서 유를 만들어낼 수는 없다. 그래서 인간의 창조와 하나님의 창조의 세계는 신과 인간의 차이인 것이다. 사람은 유에서 유를 만들어내지만, 인간의 창조의 세계도 또 다른 짐승들과 비교하면 또 차이가 있다.

짐승들은 인간 세상만큼 괴로워하거나 두려워하거나 불안해하지 않는다. 인간이 느끼는 세상은 혼돈, 공허함, 어둠이지만 동물은 그런 것을 전혀 느끼지 못한다.

그러니 당신은 혼돈과 공허와 어둠을 느끼지 못하는 개가 되기를 원하는가?

아무런 걱정도 없는 개의 세상을 동경하는가?

인간에게만 있는 혼돈, 공허, 흑암.

인간만이 느낄 수 있는 세계.

이것은 이 세상에서 가장 존귀하고 아름다운 인간만이 느낄 수 있는 특권이다. 그러므로 이 땅은 인간에게 저주를 내린 것이 아니라 창조의 세계를 누릴 수 있는 인간만의 특권이다.

인간이 선악과를 먹었기에 저주 가운데 버려진 것이 결코 아니었다. 선악과는 우리 인간에게 자기와 동일하게 여겨 주시는 하나님의 지혜였던 것이다. 땅이란 곳에 저주 가운데 버려진 것이 아니라, 그 땅을 정복하고 그 땅을 아름답게 가꾸며 행복을 누리라는 기회의 땅이었던 것이다.

젖과 꿀이 흐르는 땅이라고 하는 가나안은 인류 역사상 최악의 땅이라고 할 수 있을 정도로 좋은 땅은 전혀 아니다. 좁은 땅인데 그나마 반은 쓸모도 없는 사막이다. 또한 주변 강대국들의 침탈이 너무 심해 그 땅에서는 피비린내 나는 살육이 끊일 틈이 없다.

그런데 그 땅이 젖과 꿀이 흐르는 땅이었던 것이다.

오직 자신들이 창조할 수 있는 믿음이 있는 자만이 그 땅이 젖과 꿀이 흐르는 땅으로 보이는 것이다.

마태복음 17장 20절

진실로 너희에게 이르노니 만일 너희에게 믿음이 겨자씨 한 알 만큼만 있어도 이 산을 명하여 여기서 저기로 옮겨지라 하면 옮겨질 것이요 또 너희가 못할 것이 없으리라

선하시고 사랑이 많으신 하나님이 선악과 한번 먹었다고 저주를 그렇게도 고약하게 내리시는 그런 못된 신이 아니셨다. 선악과는 우리로 하여금 하나님과 같은 창조자로 서라고 다시 혼돈으로 다시 공허와 흑암으로 쫓아내서 마음껏 만들고, 고치고, 새롭게 하라고 하신 기막힌 반전을 일으킨 하나님의 지혜로운 연출방식이었던 것이다.

자기 안에 창조의 능력이 있음을 아는 자는 이 세상에 그 어떠한 문제 앞에서도 두려워할 이유가 전혀 없다.

초등학교 수준의 덧셈과 뺄셈 문제가 수학 교수에게 부담이겠는가?

인간적인 수준에서는 두렵고 불안할 수 있지만, 하나님의 능력 안에 있다면 전혀 문제가 되지 않는다. 그러니까 믿음이 있어야 하는 것이다.

창조주의 영을 가진 자에게 문제가 주어지면 그것은 두려움이 아니라 또 다른 정복의 시간이다.

이것은 믿음 없이는 설명하거나 이해할 수 없는 신비이자 수수께끼이다.

믿음의 사람의 눈에 보이는 세상이란 우리를 더욱 겸손하게 하고, 아름답게 하고, 보람 있게 하고, 승리하게 하는 도구임을 알 수 있다.

배고픔이 있으니 밥을 먹는 즐거움이 있고, 피곤하고 졸리니 단잠을 자는 즐거움이 있다.

어둠이란 인간의 느낌 속에서는 암담하지만 믿음의 세계에서는 빛으로 새로워질 수 있는 기회가 주어진 것이다.

믿음이 믿음으로서 그 능력을 보일 기회인 것이다.

환자가 있어야 의사는 비로소 할 일이 있다. 그 환자를 돌보고 치료하면서 의사는 보람을 느끼며 행복을 얻는다. 이 땅의 수많은 문제들이 있다는 것은 그만큼 성취할 일이 있다는 것이다.

이 땅은 사람의 손길이 닿음으로 비로소 의미가 생겨난다.

살면서 어려운 일을 만나지 않은 사람이 있을까? 감당하기 힘든 일들을 만나면 참으로 고통스럽다. 왜 하나님은 사람들에게 이런 힘든 시기를 겪게 하는 걸까 생각하면 너무 원망스럽다. 견뎌낼 수밖에 없고 견뎌 내기도 하지만 그 순간들이 너무도 고통스러운 것은 사실이다.

하나님께 수없이 불평을 토해낸다 해도 그 불평이 모자라지 않을 만큼 인생이 참 슬프다.

왜 인생을 이렇게밖에 만들지 못하셨나 하는 마음은 지울 수 없다. 그렇지만 그렇게 힘듦과 아픔이 무조건 나쁜 것이라고 주장할 수도 없다는 것 역시 인정할 수밖에 없다.

그 어려움들이 우리로 하여금 겸손하게 하고, 간절하게 하고, 더 열심히 나아가게 하고, 더욱 열정을 쏟게도 한다. 또한 그러한 사연들이 있음으로 주위의 사랑의 섬김도 느끼게 되고, 가족과 이웃들의 소중함도 알게 된다. 혼자가 아니고 함께하는 것을 배우게 된다.

사랑하는 식구들과 친구들, 이웃들의 소중함도 알게 되면서 더욱 행복함을 느끼게 된다.

또한, 고난 가운데 힘겹게 씨름하는 사람 곁에서 손이 되어 주기도 하고, 함께 울어 주기도 하고, 그 고통을 함께 하면서 삶의 의미와 보람을 느끼게 된다.

세상의 수많은 사연들이 있기에 인생은 드라마틱한 감동이 있다는 것을 그 누가 아니라고 말 할 수 있을까?

겸허히 자신의 상황을 받아들이며 그 속에서 한 발 한 발 내딛으면서 새로운 길을 만들어 가는 이가 있는가 하면 자기만은 어려움을 당해서는 안 될 것처럼 좌절과 절망의 망토를 뒤집어쓰고 어둡다고 소리치는 고통의 창조자들도 있다.

3

불교의 창시자 싯다르타는 모든 인간들이 마주한 이 인생의 고통의 문제, 그 고통으로부터 해방되는 길은 없을까? 그렇게 인류의 아픔을 고민하고 성찰함으로 그 길을 찾았다고 가르침을 전해 주었고 그 가르침을 받은 제자들에 의해 종교화되었던 것이 불교이다.

그의 깨달음의 핵심은 인간의 고통은 집착하기 때문이고, 그 집착이 끊어지면 해탈하게 된다는 것이다. 그런데 인간에게서 집착을 벗어버리기란 불가능에 가까워 수행이 필요하다는 것이다.

변하지 않는 나는 존재하지 않기에 나랄 게 없다는 것, 그러니 집착할 것도 없으니 내려놓으라, 비우라, 벗어버리라.

그 자리가 열반이다.

정말 대단한 깨달음이지 않나?

이렇게 집착을 끊어 내면 좋은데 그게 불가능에 가까워 중생들은 출가를 통해서 도를 닦고 수행에 정진해야 한다고 가르쳤다.

가정에서 행복하게 잘 살아가는 것이 얼마나 아름다운 삶인데 가정으로부터 떠나는 것을 길이라고 가르친 것이다.

우리는 인생 가운데에 던져진 존재이다. 모든 인생은 수많은 사연들을 만나게 된다. 그것들을 피할 수도 없고 피해서도 안 된다. 우리는 그 인생의 한복판에서 운명처럼 주어진 모든 만남을 겸허히 마주하며 고치고, 새롭게 하고, 생명을 탄생시키는 창조자의 삶을 사는 자인 것이다. 생명을 탄생시키기 위해 알을 품고 있는 암탉처럼, 생명을 품고 씨름도 하는 것이 인생이며 그것이 행복이다.

고통으로부터 벗어나려면 집착을 버려야 하고, 집착을 버리려면 수행을 끊임없이 해야 하고, 수행은 고행과 연결이 되어 결국 자유를 찾아 힘쓰느라 더 자유롭지 못한 인생을 살게 된다.

결혼을 해서 부인과 아이를 가졌으면 그 가정에서 행복을 만들어 가며 아이에게도 창조의 세계를 가르쳐 주며 가정을 꾸려가는 것이 순리인데, 진리를 찾는다고 가정은 버려야 하는 모순.

나의 행복을 위해 자식은 부모를 잃게 되는 가슴 아픈 일이 벌어지게 되는 모순.

집착을 벗으려고 천륜을 저버렸는데 그것이 인간으로서 더욱 번뇌를 일으키게도 한다.

대한민국의 큰스님인 성철스님이 그랬고, 불교의 창시자 싯다르타가 그랬다. 수많은 출가자들이 그 뒤를 따랐다.

진리가 아니기에 이렇게 혼돈이 생긴다.

벗어나려고 애쓰고, 비우려고 애쓰고, 내려놓으려고 애쓰는데 그것도 맘대로 되지도 않는다.

이런 것 하려고 인생을 사는 것이 아닌데, 이렇게 하며 사는 것이 인생인 것처럼 가르치고 있는 것이다.

그러나 성경은 우리에게 놀라운 세계를 보여 준다.

어둠도 선물이요, 공허도 선물이며, 혼돈도 선물이다.

창조자의 영을 가진 자는 그것들이 창조의 재료가 되는 것이다. 창조자의 영으로 마음껏 창조하며 가슴 벅찬 인생을 스스로 만들어 가라는 것이다.

믿음이 분명하면 하나님의 영으로 그 땅을 새롭게 만들어 가게 되는 것은 당연하다.

믿음이 분명하면 결코 겁먹거나 두려워하지 않고 그렇게 어두운 상황 속에서도 창조자의 영으로 그 길을 만들고 열어 간다.

이것이 믿음이다.

놀랍지 않은가?

인간 세상에 펼쳐진 수많은 문제들과 사연들과 어려운 난관들이 우리에게는 새 창조의 대상이며, 창조의 기회라는 것. 그러한 사연들로부터 도망치는 것이 답이 아니라 그 세상 속에 당당히 맞서 얼마든지 길을 만들어 갈 수 있다는 것. 그래서 인생이 아무리 험난해도 기대와 소망으로 또 오늘 하루를 만난다는 것. 그리고 그 현장에서 창조자가 부여한 통치권을 행사하며 길을 열어 간다는 것.

이것이 믿음의 세계이다.

버리려고 애를 쓰고, 비우려고 애를 쓰고, 내려놓으려고 애를 쓰는 그러한 것들은 땅의 세계관으로 하늘을 살려고 몸부림치는 행위들이다. 사람의 마음이란 정보들의 집합체이다.

그 마음에 깊게 새겨진 것들을 지우기란 여간 어려운 일이 아닐 수 없다. 그런데 그에게 새겨진 모든 기억들이나 마음에 깊이 간직한 소중한 것들을 왜 없애야 한다는 것인가? 그게 그렇게 되지도 않지만 그렇게 해서는 안 되는 것이다.

그 마음을 청소할 수 있다고 생각하는가?

좋은 것들은 간직해야지 왜 몽땅 비워야만 길이라고 하는지….

청소하기 위해 이 땅을 살고 있는가?

그 정보들은 죄가 없다. 그 정보들이 내 속에서 어둠으로 작용한다면 그 정보에게 빛을 비춰주면 된다. 그러면 그 정보가 환하게 빛나는 것이다.

무질서하게 배열된 단어들이 잘 배열되면 아주 예쁜 문장이 되어 감동과 감격 그리고 성취의 기쁨을 안겨 준다.

무언가를 비우려고 하지 말고 오히려 그것들로 위대한 작품을 만들어 가라.

이렇게 더 충만한 세상을 펼치라는 것이 하나님의 뜻이다. 내 속에 있는 것들을 더욱 사랑하며 아름답게 새 옷을 입혀주며 심장 뛰는 작품의 세계를 펼치라는 것이 하나님의 마음이다.

땅을 다스려라. 통치하라. 이 말은 자기 마음을 새롭게 창조하라는 것이다. 더욱 아름답게 만들고, 고치고 가꾸라는 것이다. 땅이란 자기 자신이다. 자기를 정복하는 것이 땅을 정복하는 것이다. 자기가 정복되면 땅이 평화를 누리게 된다.

하나님으로부터 빛을 받아 그 빛으로 땅을 충만하게 하는 작품활동이 이 땅을 살아가는 이유이며 그것이 바로 행복이다.

4

그런데 이상한 그리스도인들의 이상한 믿음이 세상을 더욱 더럽혔다. 땅을 다스리라고 했다고 이웃 나라들을 무력으로 정복한다. 사탄의 사주를 받아 아주 잔인하게 죽이고, 빼앗고, 그 땅을 차지했다. 그것을 하나님이 내린 축복이란다.

참으로 슬픈 일이 아닐 수 없다.

이것이 세계를 지배했던 기독교의 역사이다.

오늘날의 교회들도 이 길을 따라가고 있다.

땅에서의 부귀영화와 자녀들의 안위를 위해 하나님께 나아가 지극정성을 드리며 기도하고, 땅에서의 성공은 곧 하나님의 특별하신 은혜였다고 간증한다.

누군가는 굶어 죽어가도록 내버려 두지만, 나에게는 물질의 복을 주셨다고 간증한다. 어떤 사람들은 질병에 걸려 평생을 고통스럽게 살지만, 나에게는 건강의 복을 주셨다고 간증한다. 누군가는 사고를 당해 사지를 절단해서 아주 저주스런 인생을 살도록 내버려 두시지만, 나에게는 사고도 없이 모든 만사가 형통케 하셨다고 놀라우신 하나님을 자랑한다. 자녀가 공부를 잘하고 좋은 직장에 취직을 하고 사업이 잘 풀리면 부모가 기도생활을 열심히 하여서 하나님이 그 집안에 특별하신 은총을 내려주셨다고 한다.

도대체 이런 하나님을 어디에서 찾아냈는지, 성경 어디에도 이런 하나님을 말하고 있지 않는데 이들은 어디에서 이런 하나님을 모셔왔단 말인가?

자기들의 마음에다 땅에 것들로 가득 채워놓고 그것이 하나님이 주신 복이라고 자랑을 하면 그것이 과연 은혜일까, 저주일까? 교회가 이렇게 복음을 잘못 전하는 동안 교회를 통해서도 진리를 찾지 못하니 많은 사람들은 교회로부터 등을 돌리게 된 것이다.

먹을 것도 제대로 없었고, 병원도 별로 없고, 병원 갈 돈도 없던 시절에는 그러한 문제들을 위해 기도해 주고 하나님이 도와주신다고 힘을 주고 하니 그것이 복된 소식으로 들렸다.

그런데 지금은 굳이 교회의 도움이 필요가 없어졌다. 그러기에 교회가 주는 복음이란 게 별로 힘을 쓰지 못하고 있는 것이다. 그러니 사람들은 교회를 나갈 이유가 사라진 것이다. 이제는 그러한 복음은 더 이상 복음이 되지 못하기에 그들은 더 이상 교회에 머무를 필요가 없어진 것이다.

그러한 복음은 처음부터 변질된 복음이었다.

이렇게 인간중심의 믿음이란 여전히 혼돈인 것이다. 빛을 주시는 하나님의 세계는 거부하고 그 혼돈 속에서 하나님을 찾아 헤매니 그 마음은 여전히 공허하다.

복음이란 이미 허락하신 자녀의 권세로 혼돈과 공허와 흑암의 세계를 새롭게 창조하라는 것이 복음인 것이다. 이 복음이 들리면 그는 그 권세로 땅을 다스리게 되는 것이다.

혼돈과 공허와 어둠은 새로운 창조시대를 맞이할 기회인 것이다.

믿는 자는 반드시 창조하고야 만다.

창세기 1장 26절

하나님이 이르시되 우리의 형상을 따라 우리의 모양대로 우리가 사람을 만들고 그들로 바다의 물고기와 하늘의 새와 가축과 온 땅과 기는 모든 것을 다스리게 하자 하시고

창세기 1장 28절

하나님이 그들에게 복을 주시며 하나님이 그들에게 이르시되 생육하고 번성하여 땅에 충만하라, 땅을 정복하라, 바다의 물고기와 하늘의 새와 땅에 움직이는 모든 생물을 다스리라 하시니라

마태복음 6장

25절 그러므로 내가 너희에게 이르노니 목숨을 위하여 무엇을 먹을까 무엇을 마실까 몸을 위하여 무엇을 입을까 염려하지 말라 목숨이 음식 보다 중하지 아니하며 몸이 의복보다 중하지 아니하냐

26절 공중의 새를 보라 심지도 않고 거두지도 않고 창고에 모아들이지도 아니하되 너희 하늘 아버지께서 기르시나니 너희는 이것들보다 귀하지 아니하냐

27절 너희 중에 누가 염려함으로 그 키를 한 자라도 더할 수 있겠느냐

28절 또 너희가 어찌 의복을 위하여 염려하느냐 들의 백합화가 어떻게 자라는가 생각하여 보라 수고도 아니하고 길쌈도 아니하느니라

29절 그러나 내가 너희에게 말하노니 솔로몬의 모든 영광으로도 입은 것이 이 꽃 하나만 같지 못하였느니라

30절 오늘 있다가 내일 아궁이에 던져지는 들풀도 하나님이 이렇게 입히시거든 하물며 너희일까보냐 믿음이 작은 자들아

31절 그러므로 염려하여 이르기를 무엇을 먹을까 무엇을 마실까 무엇을 입을까 하지 말라

32절 이는 다 이방인들이 구하는 것이라 너희 하늘 아버지께서 이 모든 것이 너희에게 있어야 할 줄을 아시느니라

33절 그런즉 너희는 먼저 그의 나라와 그의 의를 구하라 그리하면 이 모든 것을 너희에게 더하시리라

03

인간이란 창조하는 존재다

1

인간이란 존재는 곧 창조하는 존재다

우리가 이 땅에 보내질 때 세상이라는 무대에서 공포를 느끼고, 두려워하고 걱정과 근심으로 슬퍼하라고 보내진 것이 아니라 창조하라고 보내졌다.

다만 창조해야 하기에 창조할 대상이 있어야 하고, 창조는 반드시 없는 것에서 있는 것으로 나타난다는 사실이다.

때문에 세상은 혼돈 상태, 공허 상태, 흑암 상태에 있게 되었고, 인간은 그것을 창조하는 존재로, 땅의 통치자로 보내진 것이다. 고치고, 만들고, 바로 세우고, 다스리고 정복하는 존재로 보내진 것이다. 이 일을 하기 위해 이 땅에 보내졌다.

이것이 인간과 다른 동물의 차이다.

온 세상에 존재하는 생물 전체를 통틀어 오직 인간에게만 주어진 능력이다. 인간으로 태어난 존재라면 누구든지 그렇게 살면 된다. 그러나 실상 대부분은 그렇게 살지 못한다.

대부분의 사람들은 평생을 세상이라는 어둠, 공허, 혼돈에 갇혀서 방황하며 살아간다.

그러나 이 비밀을 알아차린 소수의 사람들은 인간에게 주어진 그 능력을 알아봤다. 그래서 그들은 자기 안에 있는 그 능력을 마음껏 사용하면서 이 세상을 통치하며 다스려왔다. 사실 이들은 그 많은 능력들이 하나님의 창조작품이라는 것을 알지 못한다. 그러나 이들은 인간에게는 무한 능력이 존재한다는 것만큼은 알고 있었던 것이다.

이와 같이 세상은 자기 확신에 찬 사람들이 자신의 능력을 확고히 믿고 담대하게 세상을 움직이기 시작하면 그것이 이루어진다는 것, 이것은 자연원리이다.

그런데 하나님이 디자인하신 이 자연원리를 믿지 않으니 자신의 인생이 늘 불안하다. 염려와 두려움이 주인처럼 삶을 이끈다.

하나님은 믿지 않지만 하나님이 만들어 놓은 자연원리를 믿는 사람들은 스스로 세상을 다스리며 살아간다.

그런데 하나님을 믿는다고 하면서 하나님이 만들어 놓으신 자연원리를 믿지 못한 사람들은 두렵고, 불안하고 걱정이 많다.

이들은 하나님께서 이미 사람에게는 창조자로 살 수 있는 자연원리를 주셨는데도 그것은 믿지 않으면서 하나님을 믿는다고 한다. 우리 안에서 일어나는 어떤 불안과 두려운 것들을 다스리고 정복하라고 하시며 그 권세를 주신 하나님은 믿지 않고 자신들의 불안한 것들과 두려운 문제들을 해결해 달라고 하나님을 찾는다. 이것이 종교이다.

우리에게 땅을 주신 이유가 오직 믿음으로 그 땅을 다스리고 새 창조하라고 땅을 주셨는데, 믿음이 없으니까 하나님에게 해결해 달라고 매달리기만 한다. 그것을 우리에게 해결하라고 믿음의 세계를 우리에게 주셨는데 믿음 없는 세상의 세계에 앉아 날마다 부르짖기만 한다. 한 달란트를 땅에 묻어 두는 종과 같다.

주신 선물을 가지고 그 모든 상황들을 창조해 가라고 땅에 보내주셨는데 도무지 창조할 생각을 하지 않는다.

왜냐면 믿음이 없기 때문이다.

물론, 인간의 이성과 상식적인 경험들이 우리를 가만히 두지 않고 강력하게 힘을 발휘한다는 것을 잘 안다.

만만치 않은 씨름이라는 것을 잘 안다.

여기에는 나 자신도 결코 예외일 수 없다.

그러나 내가 주장하고 싶은 것은 오직 그 순결한 믿음으로 세상을 다스리고 정복해야만 한다는 이 사실, 이 복음의 메시지를 변형시키지는 말아야 한다는 것이다.

그래야만 오직 믿음만을 추구하며 그의 나라와 그의 의를 간절히 찾고 구할 수 있는 것이다.

그래야만 복음이 타협되지 않을 수 있다.

2

인간은 신의 형상이기에 신적인 능력을 발휘할 수 있는 것이 당연한 것이다.

신은 자연을 초월하는 존재다.

신에게는 자연적인 것 따로, 초자연적인 것 따로 나누어질 수 없다. 무엇이든지 믿음대로 되어지는 그 모두가 자연원리인 것이다. 이 믿음만을 붙들고 싸우며 땅을 정복해 가는 것이 우리의 사명인 것이다.

사실 자연이라는 것이 어느 것 하나 신비가 아닐 수 없다. 늘 그렇게 자연이 돌아가다 보니 익숙해진 것들이지 그게 어디 인간의 이성으로 이해될 수 있는 것들인가?

날마다 보고 있는 모든 자연 현상들을 초자연적이라고 해도 전혀 이상할 것이 없을 만큼 놀라운 능력이 나타나고 있는 것이 사실이다. 신이 컨트롤하지 않고서는 절대 이루어질 수 없는 것들로 온 우주는 가득 차 있다.

그 신의 권능이 깃들여져 있는 존재가 인간이기에 인간에게는 초자연의 일들이 얼마든지 일어나는 것이다.

강아지는 강아지의 능력치만큼 능력을 발휘할 수 있고, 사자는 사자의 능력치만큼 능력을 발휘할 수 있고, 벌레들은 그의 능력치만큼 능력을 발휘할 수 있듯이 사람은 사람의 능력치만큼 능력을 발휘할 수 있는 것이다.

사람은 하나님의 형상대로 지어졌기에 땅을 다스리고 정복하도록 지어졌다는 것이다.

이것은 자연원리이다.

이 능력은 어떤 특별한 사람들에게만 그들의 전유물로 주어진 것이 아니라 모든 인간에게 주어진 인간의 능력치이다.

그런데 대부분의 사람들은 땅을 다스리는 능력이 자신에게 주어졌다는 것을 모르고 땅의 세계에 갇혀 땅의 노예가 되어 살아간다. 왜냐하면 자기가 어떤 존재인지를 제대로 인식하지 못하고 있기 때문이다.

존재 인식이란 너무도 중요한 것이다.

알아도 되고 몰라도 되는 그런 문제가 아니다.

반드시 알아야 한다.

모르면 사기 당한다.

아둔하고 미련해서 자기의 재산을 빼앗긴 사람들이 많다. 그러나 재산을 잃는 것은 물질만 없어지는 것이지만, 인생을 도둑맞으면 돌이킬 수 없는 망한 인생이 된다.

자기 자신이 신의 형상으로 지어졌다는 것만 알아차린다면 그의 인생은 얼마나 놀라울까?

그들은 반드시 신으로 살아갈 수밖에 없게 된다는 것은 당연하다. 자신에게 수천억의 돈이 있는 사람이라면 그 사실을 알고 있는 것만으로 그 돈의 양만큼 든든함을 가질 것이다.

그 돈을 사용하는 용도는 다음 문제다. 일단 돈이 있다는 것을 알면 그 다음 그 돈을 어떻게 사용할지를 생각한다.

돈이 있다는 것을 아는 것이 중요하다.

인간은 신의 형상으로 이 세상을 다스리고 정복하도록 지어졌다는 것을 아는 것이 너무도 중요하다.

성경에만 기록되어진 내용이다.

세상을 다스려라.

땅을 정복해라.

될 수도 있고 안 될 수도 있지만 한번 시도라도 해보라는 것이 아니다. 반드시 그렇게 하라는 것이다.

실제로 모든 인간에게는 그 무한 능력이 주어져 있기 때문이며 그렇게 하지 않으면 땅이 우리를 정복한다.

있지도 않은 것들을 상상하라는 것이 아니다.

'계속 상상하면 이루어진다.' '상상하라.' '우주 에너지를 끌어 당겨라.'

이렇게 자기 암시를 하라는 것이 아니다. 자기 존재를 있는 사실 그대로 인식하라는 것이다.

무엇이 사실인지, 그 사실을 알면 된다.

사실이 억만장자라면?

사실이 신의 아들이라면?

성경이 말하는 사실이 인간은 신의 형상이라는 것. 그래서 세상을 만들고 가꾸고 다스리는 존재라는 것. 그것을 믿는 것이 믿음이다. 이 믿음은 그들로 하여금 그 자녀의 권세를 누리게 한다.

사람이 동물들과는 다른 존재임을 인식하듯이 사람은 신의 능력이 입혀진 그런 무한 능력을 갖춘 존재라는 것을 알아보는 것이다. 이것을 못 알아보는 것은 사람이 자신을 동물과 구별하지 못하는 것과 같은 것이다.

난 못해~

난 안 돼~

난 힘들어~

난 불가능해~

왜 나에게 이런 일이~

왜 나는 할 줄 아는 게 없을까?

왜 나는 지지리도 운이 없을까?

세상은 왜 이래~

난 너무 불쌍해~

아무튼 되는 일이 없어~

이렇게 말하는 사람들이 정말로 할 수 없어서일까, 아니면 할 수 없다는 생각을 하고 있는 것일까?

자기가 어떤 존재인지를 모르니까 이렇게 생각하는 것이다.

만약 자기가 신이라면 이런 생각을 할까?

인간이기 때문에 그렇게 생각을 하게 된다. 그런데 인간이기 때문에 그런 생각을 할 이유가 없다는 것도 알아야 한다. 인간이란 존재는 그 모든 것들을 새롭게 창조하기 위해서 존재하기 때문이다.

인간은 왜 존재하는가?

창조하기 위해서이다.

창조하고 기뻐하고 창조하고 기뻐하고

창세기 1장 27~28절

하나님이 자기 형상 곧 하나님의 형상대로 사람을 창조하시되 남자와 여자를 창조하시고
하나님이 그들에게 복을 주시며 하나님이 그들에게 이르시되 생육하고 번성하여 땅에 충만하라, 땅을 정복하라, 바다의 물고기와 하늘의 새와 땅에 움직이는 모든 생물을 다스리라 하시니라.

이것이 사람에게 주어진 선물이자 사명인 것이다.

선물로 주어지면서 사명으로 주어져 있다.

반드시 그렇게 해야만 하는 존재로 보내진 것이다.

창조는 해도 되고 안 해도 되는 것이 아니라 반드시 해야만 한다. 그러지 않으면 사는 게 너무 힘들고, 지치고 병들게 되어 있다. 그들에게는 사는 게 행복이 아니고, 두려움이고, 불안이고, 좌절이고, 슬픔이다.

세상은 인간들의 창조를 돕기 위해서 이런저런 일들로 가득 넘쳐난다.

창조하라고, 고치고 새롭게 하고 길을 만들라고, 날마다 감격하며 기뻐하라고 세상은 우리를 돕고 있는 것이다.

선악과는 왜 있어야 했으며

사탄은 왜 있어야 하며

하나님이 왜 세상을 사탄에게 넘겨주었으며

인간을 에덴동산에서 쫓아내시고 쫓겨난 땅은 사탄에게 넘겨주시고 그 땅은 악하고 음란한 세상이 되도록 하나님은 왜 눈을 감고 계시는지

자고 일어나면 또 할 일이 있고

먹고 나면 또 먹어야 하고

먹어야 하기에 돈을 벌어야 하고

돈을 얻기 위해 힘든 일을 해야만 하는

이러한 시스템이 창조 시스템이다.

창조를 위해서는 반드시 그 대상은 혼돈이요, 공허요, 흑암이어야 하는 것이다.

3

갓난아기는 혼돈과 공허와 흑암으로 땅에 던져진다.

그 혼돈의 시작점이 아이 엄마와 아빠에게는 기쁨과 감격이 된다. 단 하나도 스스로 할 수도 없고 눈도 뜨지 못한 아이. 걸을 수도, 스스로 먹을 수도, 말도 못하고, 엄마 아빠도 알아보지도 못하는 어느 것 하나 완성된 것이 없는 혼돈이고

공허이고 흑암인 아이를 바라보면서 부모는 새 창조를 시작한다.

부모 자신들보다 더 멋진 아이를 만들겠다고 아주 열심히 창조한다. 이것이 존재 인식인 것이다. 아무것도 가진 것 없는 아이를 바라보면서 아주 멋진 꿈을 꾸며 애지중지 창조하는 것이다. 그렇게 창조하면서 기뻐하고 감동하며 인생을 마음껏 펼치도록 지어진 것이다.

하나님께서 태초에 세상을 창조하시면서 늘 좋았더라, 좋았더라를 외치셨듯이~

우리는 밥을 먹으면서 "아~ 맛있다" 하며 감동하고 기뻐한다. 세상 모든 만사가 우리에게 음식으로 주어져 있는 것이다.

먹고 기뻐하라고, 새롭게 창조하며 기뻐하라고.

창조할 일들이 자고 일어나면 또 있고, 자고 일어나면 또 있는 것이다.

매일 기뻐하라고

할 일이 없어지면 기쁨도 없어진다.

기쁨이 사라진 인생들에게는 살아야 할 이유가 사라진다.

힘들고 지치고 병들라고 문제들이 주어진 것이 아니라, 우리에게 벅찬 감동을 주기 위해서 세상도 무단히 그렇게 자기 할 일을 하고 있는 것이다.

어떤 문제도 풀 수 있고, 어떤 어려움도 이길 수 있으니 창조하라. 창조하는 자로 보내졌으니 모든 것을 창조하라.

바라봄의 차이가 사람을 죽게도 하고 사람을 설레임과 감동을 주기도 한다.

인간 존재의 창조적 에너지의 크기를 알아차리면 창조자가 되는 것이다.

온 세상의 창조자인 바로 그 하나님이 된다는 것이 아니다. 창조자로 살라는 것은 긍정적 사고를 하라고 하는 말도 아니다. 긍정적 사고에는 한계가 느껴지면 꺾여 버리기가 쉽고, 어느 한 순간에 완전히 절망으로 빠져버리기가 쉽다. 나는 누구인가를 제대로 알고 있느냐의 문제이다.

앎의 문제이고 존재 인식의 문제이지 긍정적인 성향의 문제가 아니다.

나에게 돈이 많이 있다고 상상하고 긍정적으로 살려고 노력하는 것과 실제로 돈이 많은 사람과는 엄연한 차이가 있다.

인간의 실존을 제대로 알면 거기에서 폭발적인 에너지가 나오게 된다. 실제적이고 확실한 것은 흔들림이 없다.

나는 창조하기 위해서 존재하고, 창조하는 것은 너무도 당연한 것이며 무엇이든 창조하면 되는 그런 존재라는 것이다.

새는 하늘을 날 수 있고 물고기는 물속에서 살아갈 수 있듯이, 사람은 창조하며 살 수 있는 존재라는 것이다.

새가 날 수 있다는 것을 알아야 하고, 자신을 믿어야 창공을 향해 날갯짓하게 되고, 그렇게 날개를 파닥파닥 저으면 날게 된다. 물고기가 물속에서만 사는 존재라는 것을 알고 물을 떠나지 않는다. 그들은 물 바깥에 나가면 죽게 된다는 것을 알아차리고 있는 것이다. 사람은 창조할 수 있는 존재라는 것을 아는 것이 사람으로 하여금 창조하며 살게 한다.

그들에게는 날마다 새롭고 또 새로운 것이다.

이것을 긍정적 마인드를 가지고 살라고 긍정적인 해석을 하라는 정도로 이해해서는 안 된다.

너무도 당연한 것을 그렇게 알아보지 못하고 있는 것이 문제인 것이다. 이 비밀을 깨우친 자들이 그동안 세상의 역사를 만들었다. 인류에게 좋게 작용했든 나쁘게 작용했든 자신들이 원하는 것을 뭐든지 할 수 있다는 확고한 자기 확신을 가진 자들이 그동안 인류의 역사를 만들어 온 것이다.

이것은 하나님을 믿느냐 믿지 않느냐의 문제와는 상관없이 일어나는 자연원리인 것이다.

이미 하나님은 사람에게는 동물과는 다른 창조력을 넣어 놓으셨기 때문에 모든 인간은 스스로가 이 확신을 가지면 무서운 힘을 가지게 되는 것이다.

이들은 어떤 문제이든 겁 없이 덤빈다. 왜냐면 자기 안에 그것을 고치고 새롭게 할 능력이 있다는 것을 확신하고 있기 때문이다. 실제로 모든 인간은 그 능력치를 가지고 있기에 그들이 허무맹랑한 것이 아니라 너무 당연한 원리를 깨닫고 그 힘을 사용한 것뿐이다.

이 간단한 원리를 대부분의 사람들은 알지 못하기에 그 원리를 사용하여 세상을 지배하는 자들의 노예가 되어 살아간다. 그들이 겁주면 겁먹고 그들이 휘두르면 안절부절못한다. 그들에게 살려 달라고 애걸하고 굽신거린다.

대부분의 인생들은 주인이 아닌 노예의 삶을 자처한다.

이래서 안 돼 저래서 안 돼~

이래서 힘들어 저래서 힘들어~

이게 문제야 저게 문제야~

그러나 사람이 어떤 DNA를 가졌는지를 알아본 자들은 날마다 자기가 주인 노릇하며 인생을 창조한다.

만나지는 수없이 많은 문제들은 그들에게 있어 새로운 창조의 재료일 뿐이다.

창세기 1장

3 하나님이 이르시되 빛이 있으라 하시니 빛이 있었고

4 빛이 하나님이 보시기에 좋았더라

9 하나님이 이르시되 천하의 물이 한 곳으로 모이고 뭍이 드러나라 하시니 그대로 되니라

10 하나님 이 물을 땅이라 부르시고 모인 물을 바다라 부르시니 하나님이 보시기에 좋았더라

12 땅이 풀과 각기 종류대로 씨 맺는 채소와 각기 종류대로 씨 가진 열매 맺는 나무를 내니 하나님이 보시기에 좋았더라

16 하나님 이 두 큰 광명체를 만드사 큰 광명체로 낮을 주관하게 하시고 작은 광명체로 밤을 주관하게 하시며 또 별들을 만드시고

17 하나님이 그것들을 하늘의 궁창에 두어 땅을 비추게 하시며

18 낮과 밤을 주관하게 하시고 빛과 어둠을 나뉘게 하시니 하나님이 보시기에 좋았더라

21 하나님이 큰 바다 짐승들과 물에서 번성하여 움직이는 모든 생물을 그 종류대로, 날개 있는 모든 새를 그 종류대로 창조하시니 하나님이 보시기에 좋았더라

25 하나님이 땅의 짐승을 그 종류대로, 가축을 그 종류대로, 땅에 기는 모든 것을 그 종류대로 만드시니 하나님이 보시기에 좋았더라

31 하나님이 지으신 그 모든 것을 보시니 보시기에 심히 좋았더라 저녁이 되고 아침이 되니 이는 여섯째 날이니라

마태복음 17장

15 주여 내 아들을 불쌍히 여기소서 그가 간질로 심히 고생하여 자주 불에도 넘어지며 물에도 넘어지는지라

16 내가 주의 제자들에게 데리고 왔으나 능히 고치지 못하더이다

17 예수께서 대답하여 이르시되 믿음이 없고 패역한 세대여 내가 얼마나 너희와 함께 있으며 얼마나 너희에게 참으리요 그를 이리로 데려 오라 하시니라

18 이에 예수께서 꾸짖으시니 귀신이 나가고 아이가 그때부터 나으니라

19 이때에 제자들이 조용히 예수께 나아와 이르되 우리는 어찌하여 쫓아내지 못하였나이까

20 이르시되 너희 믿음이 작은 까닭이니라 진실로 너희에게 이르노니 만일 너희에게 믿음이 겨자씨 한 알 만큼만 있어도 이 산을 명하여 여기서 저기로 옮겨지라 하면 옮겨질 것이요 또 너희가 못할 것이 없으리라

04
자기인식

1

많은 사람들은 다른 사람들이 자신을 어떻게 보느냐에 따라 자기를 인식한다. 그런데 많은 사람이 나를 그렇게 생각한다 해도 그것에 따라 자기를 인식하지 않고 자기 주관대로 자기인식을 하는 이들도 있다. 신기한 것은 자신을 어떤 사람으로 인식하느냐에 따라 삶의 방식이 달라지고 다른 인생을 살아가게 된다는 것이다.

난 재주도 없고~

공부도 못하고~

얼굴도 못생겼고~

성격도 별로고~

가진 것도 별로 없고 등등~

자기를 이렇게 인식하면 이 사람은 아무것도 할 수 없는 무기력한 자가 된다.

부모 탓, 자기 탓, 세상 탓.

무엇을 해도 부정적일 수밖에 없다.

그런데 태어나면서부터 장애를 가지고 태어나 공부도 제대로 하지 못했고, 얼굴도 누가 봐도 이상하고, 무엇 하나 제대로 해내지도 못하는 신체를 가지고 태어났는데도 사람들의 시선에 상관없이 자신을 소중하게 인식하고, 남들과 비교하기보다 자기를 사랑하고 스스로에게 용기를 주면서 세상 앞에 당당히 서 있는 사람도 얼마든지 있다.

한 사람의 인생은 그가 자신을 어떤 존재로 인식하는가에 따라 그의 인생이 만들어지는 것이다. 자기인식은 어마어마한 에너지를 일으키는 폭발력의 원천이 된다. 인식의 크기가 그의 인생의 크기이며, 인식의 깊이가 그의 인생의 깊이이다.

자기인식은 그의 삶을 조종한다.

자기인식은 에너지원이다.

어떤 이의 자기인식은 자신에게 생명에너지를 뿌려주고, 어떤 이의 자기인식은 자신에게 사망에너지를 뿌려준다.

자기인식이 사람을 살게도 하고, 사람을 죽게도 한다.

자기를 개로 인식한다면 개처럼 살 것이고, 자기를 사람으로 인식한다면 사람처럼 살 것이다.

자기를 이러이러한 사람이라고 인식하고 있다면 그러한 삶을 살 것이다.

사람의 마음의 주인은 자기 자신인데 대부분의 사람은 자기 마음을 자기가 움직이는 것이 아니라 사람들에 의해서 움직이는 노예의 삶을 산다.

사람들이 나에게 붙여준 이름을 자기로 여기며 자기 마음을 움직여 가기에 그 마음을 조종하는 이는 자기가 아닌 남이 되는 것이다. 자기인식 자체가 자기가 한 것이 없고 남이 나에게 입혀준 옷만 입고 다니는 것이다.

그러면서 스스로에게 각인시킨다.

이 옷만이 내 옷이야~

난 재가 입은 옷이 너무 맘에 드는데 나한테는 도저히 어울리지 않을 것 같애.

슬프지만 할 수 없어~

난 이 옷만 줄곧 입을 수밖에 없는 운명인 걸~

사실 사람의 소유물이나 생명은 다른 사람이 빼앗을 수 있지만, 사람의 마음은 허락 없이 빼앗을 수 없다. 하지만 내 소유물이나 내 목숨은 어떻게 해서든 지키려고 노력하면서 마음은 너무 쉽게 내어 준다.

남이 나에게 던져주는 것을 걸러내지도 않고 그냥 다 받아먹는다. 어떻게 나를 키우고 있는지 생각하지 않고 무분별하게 마구 받아먹는다.

나도 모르는 사이에 남들이 입혀놓은 것을 입고 다니고, 남들이 먹여 준 음식의 맛에 취해서 그런 인생을 살아간다.

남들이 씌워 놓은 것들에 의해 나를 묶어 두니 거기에 갇혀서 살게 될 수밖에 없다.

2

여기서 남이란 우리가 만난 모든 환경 전부이다. 이것이 프레임이다.

나도 모르는 사이에 어떤 프레임이 생겨서 그 안에 자기를 가둬두고 그 속에서 별짓을 다하며 몸부림치는 것이 대부분의 인생이다. 거기로부터 나오면 되는데 나온다는 것은 상상도 못한다. 자기인식이 절대로 나가지 못하도록 꼭꼭 묶어 두었기 때문이다. 이 프레임을 깨부수고 거기로부터 빠져 나온다는 것은 불가능이라 생각한다.

오랜 세월동안 씌고 또 씌고, 열 번 백 번 천 번이고 씌게 되면 그 무엇을 가지고 와도 눈 하나 까딱도 하지 않게 된다.

그리고 확고하고 분명하게 자기를 그런 존재로 인식한다. 사람들이 자기를 어떤 존재로 보느냐에 따라 그런 인생을 살게 된다. 그런데 사람들이 나에게 무어라 하든 자기 스스로 자기를 만들어 가는 이들도 있다.

세상에서 성공했다고 하는 사람들은 하나같이 자기인식으로부터 에너지가 나와서 그 삶을 만들어낼 수 있었던 것이다. 히틀러, 간디, 알렉산더, 링컨 등 이 모든 사람들은 다 자기인식으로부터 에너지가 나와 그러한 결과를 남긴 것이다.

어떻게 한 사람이 그렇게 강력한 힘을 발휘할 수 있을까? 한 사람이 수억 명의 마음을 들었다 놨다 하는 강력한 에너지를 발휘한다.

사람은 원래 그렇게 강력한 에너지를 만들어낼 능력이 있다. 과학으로 다 증명이 된 것들이다.

인간의 뇌가 가진 그 무한 능력, 그것을 알아본 자는 자기가 그런 존재라는 인식을 하게 되고 그 인식이 그런 능력을 드러내어 그런 인생이 되는 것이다. 이것을 조금 알아차렸다고 하는 이들이 그 비밀을 세상에 외치고 있다.

시크릿

끌어당김의 법칙

긍정의 힘

사차원의 영성

믿는 대로 이루어진다

시각화

이러한 것들이 다 존재 인식의 패러다임을 바꿔주는 비법들이다. 인생들에게는 이 방법은 아주 좋은 긍정의 에너지를 주는 데는 도움이 될 것이다.

부자가 되고 싶은가?

하나님한테 가서 기도하지 말고 이 방법을 사용하라.

하나님은 그런 것 잘 들어주지 않는다.

오히려 그 어떤 것에도 얽매이지 않고 그 모든 것들을 통치하고 다스리는 진정한 자유자로 살도록 진짜 복을 주신다.

그러니 부자가 되고 싶다면 이 방법을 사용하라.

건강하게 무병장수하고 싶은가?

이 방법을 사용하라.

권력을 가지고 싶은가?

이 방법을 사용하라.

반드시 이루어질 것이다.

어떤 환란이 찾아와도 이 신념만 꺾이지 않고 여전히 그 자리에서 또 끌어당기고 또 끌어당기면 언젠가는 거기에 가 있게 될 것이다. 이것은 과학이니 인생의 목적이 그것이라면 꼭 이 방법을 사용하라.

3

그런데 나는 지금 성경의 이야기를 하고자 이 이야기를 꺼낸 것이다. 성경은 우리에게 온 우주의 창조자의 형상을 가진 창조자의 아들로 창조되었다는 것이다.

잠시 그 아들의 형상에 문제가 생겼지만 다시 태어나게 하겠다고 말씀하신다.

불가능이 없는 전능자의 영으로 새롭게 태어나게 하겠다는 것이다. 어떤 사람이든 가리지 않고 누구든지 다….

인간의 생명은 처음부터 하나님의 아들이 되도록 창조되었기 때문에 모든 사람은 그분의 영으로 다시 창조하실 것을 믿으라고 하는 것이다.

그분은 우리를 불멸의 존재로 부활시키실 것이라고 말씀하신다. 이것이 바로 복음이라고 불리는 성경의 메시지이다.

이 복음을 받아들이면 당신은 더 이상 사람의 아들이 아니라 하나님의 아들이라는 것을 믿게 된다.

육신으로 난 사람은 육신이지만 성령으로 태어난 사람은 성령의 생명이다. 이것을 믿음이라고 한다. 그런데 믿는다

하면서도 실제로는 믿음이 없는 경우가 많다. 인간에게 신의 형상이 있어 창조자로 세상을 다스리고 통치할 수 있다고 창조하라고 아무리 말해 주어도 창조할 생각은커녕 불안한 자기 상황을 바꿔 달라고만 소리친다.

불안하고 무서워서~

다스리고 정복하라고 하시면서 우리를 자기의 형상으로 입혀주셨는데 창조를 하지 않으니 세상의 힘에 눌려 두렵고 불안하다. 매일같이 그것 해결해 달라고 기도한다. 이 모든 기도는 믿음이 있어서가 아니라 하나님을 믿지 못하는 데서 나타나는 것들이다. 하나님은 지금도 날마다 그 기도를 들어주고 계시는데 자신의 귀를 지구만한 돌로 틀어막고 하나님의 소리는 절대로 들으려고 하지 않고, 일방적으로 매일 반복하여 또 기도하고 또 기도한다.

하나님은 오늘도 말씀하신다.

너가 하면 돼~

그래, 그러니까 걸어 봐~

걸을 수 있으니까 걸어 봐~

눈을 뜰 수 있으니까 어서 떠 봐~

걸으면 되는데 절대 걷지는 않고 걷게 해달라고 울기만 한다. 눈을 뜨고 보면 되는데 절대 눈을 뜰 생각은 않고 보게 해달라고 외치기만 한다.

어려서부터 맹인이었기에 당연히 맹인으로 살 수밖에 없다고 그냥 그렇게 살아간다.

그러니 앞이 안 보여서 이리 부딪히고 저리 부딪히고 넘어져서 여기저기 상처투성이가 된다.

그렇게 힘이 들고, 무섭고 두려운데 눈을 뜰 생각을 하지 못한다. 왜냐면 믿음이 없어 그런 것이다.

어제도 맹인이었기에 오늘도 맹인으로 살 수밖에 없는 운명이라 생각한다.

그러면서 계속 기도하고 또 기도한다.

보게 해주세요~

내일도 보게 해주세요~

이렇게 무한반복 기도를 드린다.

"하나님은 왜 나의 기도에 응답하지 않으실까?"

"나의 이 고통을 왜 외면하실까?"

마태복음 6장 7절

또 기도할 때에 이방인과 같이 중언부언하지 말라 그들은 말을 많이 하여야 들으실 줄 생각하느니라 이미 응답을 주셨는데 그는 하나님을 대답 없는 하나님으로 만들어 버린다. 그러니 계속 구하고 또 구하는 것이다.

그 인간 프레임의 껍질이 박살이 나고 그리스도의 피의 생명인자가 붙어 새 생명으로 거듭나야 하는데 여전히 껍질 속에 갇혀 몸부림치면서도 나올 생각은 못한다.

사실 이것도 믿음인 것이다.

결코 그 껍질 속에서 빠져나올 수 없다는 믿음, 다시 태어날 수 없다는 믿음.

여전히 육적인 세계 안에서 힘들 수밖에 없는 삶의 추구.

이것은 그리스도와 연합된 신의 생명으로 태어나게 하시겠다는 하나님을 믿지 못하는 것이다.

여전히 인간 프레임에 갇혀 있는 생명 없는 죽어 있는 존재들의 몸부림인 것이다.

자신을 여전히 인간 생명으로 보는 존재 인식이 예수를 믿는다고 하는 것을 종교라고 한다.

인간이 하나님을 믿고, 인간이 하나님의 뜻을 찾고, 인간이 하나님의 계명을 지켜내려고 하고, 인간이 하나님을 닮아가려고 하는 이러한 열심은 인간이 만든 하나님의 나라인 것이다.

이것은 아직도 껍질 속의 알일 뿐이다.

알은 아직 생명이 없는 죽어있는 상태다.

그런데 그 알이 어떻게 창조자가 펼쳐놓은 대자연의 세계를 알 수 있겠나?

여전히 그 프레임의 집에 갇혀 있는데… 이것이 종교이다.

그 프레임에 갇혀 창조자의 세계를 살 수 있다고 상상만 하는 종교. "세상에서는 늘 두렵고 불안하고 고통스럽지만 죽고 나면 나는 천국에 들어가니 다행이야."

하나님은 이 땅에서 하나님 나라를 이루라는데, 그러라고 이 땅으로 보냈는데 알 속에 갇혀 죽은 자로서 존재하니 그의 세계는 늘 어둠의 세계인 것이다.

땅에서 천국을 누리지 못하는 믿음 없음이 영원한 천국에 들어간다? 생명을 받은 적이 없는데 무엇으로 천국에 들어가겠나?

4

믿음의 세계는 불가능이 전혀 없고

점도 없고 흠도 없고

완전하며 거룩하며 온전하며

슬픔도 없고, 고통도 없고, 아픔도 없는

죽지도 않고 영원한 존재로 거듭난 존재들의 세계이다.

바로 그 존재로 자기를 인식하는 것만이 새 생명으로서의 존재 인식이다.

긍정적으로 생각하라는 말이 아니다.

이것만이 믿음인 것이다.

세상을 다스리는 왕이요, 통치자의 존재 인식이다.

이건 사람 생명으로는 절대 불가능이다. 그런데 대부분은 사람 존재에 믿음을 결합시킨다.

알이 깨진 상태, 새 생명의 출현.

이것만이 믿음인데 알의 상태로도 믿음이라고 생각하는 존재 인식이 믿음을 대신하고 있으니 땅에서는 고통의 세상을 살다가 죽고 나면 천국 갈 거라 생각하게 하는 것이다.

완벽한 세계.

불가능이 있을 수 없는 전능의 세계만이 믿음이다.

믿음은 인간의 이성과 감정과 인간의 능력과 적절히 섞여져 있는 것을 말하지 않는다.

지금 당신은 이 거룩한 신의 생명인가, 아니면 여전히 인간 생명인가?

자신의 정체성은 어디인가?

그 어디에도 얽매일 수 없고, 눌리거나 갇히거나 포로 될 수 없는 완전한 자유자. 그 어떠한 힘과 능력으로도 무너뜨릴 수 없는 전능자의 영으로 존재하는 존재 인식. 이 존재만이 나임을 확신하는 것을 믿음이라고 하는 것이고, 이런 사람은 세상이 도저히 감당할 수 없다.

누가복음 4장

18 주의 성령이 내게 임하셨으니 이는 가난한 자에게 복음을 전하게 하시려고 내게 기름을 부으시고 나를 보내사 포로 된 자에게 자유를, 눈 먼 자에게 다시 보게 함을 전파하며 눌린 자를 자유롭게 하고

19 주의 은혜의 해를 전파하게 하려 하심이라 하였더라

하나님을 믿는 믿음이란 인간으로부터 일어날 수 없는 크기이며, 인간이 감당할 수 없는 넓이이며, 인간이 도달할 수 없는 높이이며 깊이이다.

아버지의 영만이 존재하는 것을 인정하는 것이며, 나는 없다는 것을 시인하는 것이 믿음이다.

아버지만 존재함을 인정하고, 그대로 인식하고 그 자리에 머물러 있는 것을 순종이라 한다.

믿음이 곧 순종이다.

그러니 순종하는 자에게는 하나님의 능력, 하나님의 풍요, 하나님의 통치, 하나님의 자유가 있게 된다.

이것이 믿음이다.

누가복음 17장 21절

또 여기 있다 저기 있다고도 못하리니 하나님의 나라는 너희 안에 있느니라

값없이 누구에게나 이 생명을 부어 주시는 하나님. 하나님은 인류에게 이 복음을 전해 주고 있는 것이다.

요한복음 3장 36절

아들을 믿는 자에게는 영생이 있고 아들에게 순종하지 아니하는 자는 영생을 보지 못하고 도리어 하나님의 진노가 그 위에 머물러 있느니라

이렇게 예수 생명으로 자기를 인식하는 것이 믿음이며, 그에게는 하나님의 전능함이 자기의 존재 인식이 되고 그가 있는 세계는 더 이상 껍질 속에 갇혀 있는 알의 인생일 수 없는 것이다.

5

그리스도인의 자기인식은 시크릿, 끌어당김, 사차원의 영성, 긍정의 힘, 이런 것으로 훈련하는 그런 것들과는 완전히 다른 세계이다. 저들의 자기인식은 인간에게 잠재되어 있는 무한 능력들을 끌어내게 하는 것들이다.

그리스도인의 자기인식은 오히려 그러한 자기가 죽는 것이요, 그리스도의 생명이 되었음을 믿는 믿음에서 나오는 자기인식이다. 이것의 차이는 인간의 크기와 신의 크기를 비교하는 정도의 차이인 것이다.

하나님만이 나를 통해 나타나시기에 나를 보면서 하나님을 보게 되는 것이요, 하나님의 존재가 나의 존재로 인식이 되는 것이다. 하나님의 크기, 하나님의 넓이, 하나님의 깊이, 하나님의 높이, 이것이 나의 존재임이 믿어지는 것이다.

이 믿음에는 하나님만이 나타나시기에 인간 나는 없는 것이다. 하나님만이 모든 것이라는 믿음을 고백하고 있는 내가 분명히 거기에 있으니 그분의 생명으로 있는 것이다.

그러니 그리스도인의 믿음이 어떻게 끌어당김을 이용해서 세상을 정복한다는 이들만도 안 되는 것을 가지고 믿음이라고 할 수 있겠는가?

정말로 그들의 끌어당김에는 놀라운 힘이 있어 병도 고치고, 돈도 많이 벌게 되고, 세상에서 성공하게 되는 능력이 분명히 있다. 피그말리온 효과.

그런데 세상에서 성공하고 유명해져서 하나님께 영광을 돌리겠다고 성공하게 해달라고 열심히 기도를 한다.

도대체 어떻게 하다 그리스도가 이렇게 땅의 세계에 갇히게 되었는지 그리스도를 믿는 믿음은 신존재로서 하루하루 땅을 정복해 가는 삶인 것이며 하나님의 나라가 이 땅에 이루어지는 것이다.

하나님의 나라가 이 땅에 이루어진다는 것이란 예수를 믿음으로 인간의 나라가 더 윤택해지고 안정적이게 된다는 것이 아니다. 오직 그의 나라가 땅을 덮는 것이다.

하나님의 아들들에게는 인간적으로 세상의 부와 명예 같은 것은 따르지 않는다는 것을 말하고자 하는 것이 아니다.

하나님 나라는 그런 것과는 아무 상관이 없는 나라다. 그런 것들로 존재감을 느끼는 그런 생명이 아니라는 것이다.

인간으로서는 재물이 많아질 수도 있고 그렇지 않을 수도 있다. 유명해질 수도 있고 그렇지 않을 수도 있다. 건강할 수도 있고 그렇지 않을 수도 있다.

이런 것들이 하나님의 나라에는 티끌만큼도 영향을 줄 수는 없는 것이다.

성령이 육체의 세계에 갇히겠는가?

믿음이란 반드시 하나님으로만 존재하는 성령의 존재로 자기를 인식하는 세계이다.

세상이라는 땅을 살아야 하는 육체가 있는 한, 껍질 속에 가둬두려고 하는 인간 프레임은 계속 작동한다.

믿음의 세계와 인간 프레임의 세계 혈투.

믿음이 분명해야 인간 프레임을 부수든지 말든지 할 수 있지, 믿음 자체가 인간 프레임과 믹스되어 있는데 무엇으로 싸우겠는가? 그것은 싸움이 아닌 프로 레슬링하듯이 한 마디로 쇼하고 있는 것이다. 믿음의 세계와 인간 세계의 혼합교를 교회라고 부르길 원하는가?

완전하고 온전하며 거룩한 그 생명으로 탄생한 그리스도의 생명들의 땅 살기. 바로 이 생명임을 받아들이는 것을 그리스도를 영접했다고 하는 것이다.

요한복음 1장 12절

영접하는 자 곧 그 이름을 믿는 자들에게는 하나님의 자녀가 되는 권세를 주셨으니

이 권세는 세상에 갇히거나 세상에 얽매일 수 없는 하나님의 아들의 권세이다. 이것만이 믿음인 것이다.

마태복음 13장

24 예수께서 그들 앞에 또 비유를 들어 이르시되 천국은 좋은 씨를 제 밭에 뿌린 사람과 같으니

25 사람들이 잘 때에 그 원수가 와서 곡식 가운데 가라지를 덧뿌리고 갔더니

26 싹이 나고 결실할 때에 가라지도 보이거늘

27 집 주인의 종들이 와서 말하되 주여 밭에 좋은 씨를 뿌리지 아니하였나이까 그런데 가라지가 어디서 생겼나이까

28 주인이 이르되 원수가 이렇게 하였구나 종들이 말하되 그러면 우리가 가서 이것을 뽑기를 원하시나이까

29 주인이 이르되 가만 두라 가라지를 뽑다가 곡식까지 뽑을까 염려 하노라

30 둘 다 추수 때까지 함께 자라게 두라 추수 때에 내가 추수꾼들에게 말하기를 가라지는 먼저 거두어 불사르게 단으로 묶고 곡식은 모아 내 곳간에 넣으라 하리라

요한복음 14장

16 내가 아버지께 구하겠으니 그가 또 다른 보혜사를 너희에게 주사 영원토록 너희와 함께 있게 하리니
17 그는 진리의 영이라 세상은 능히 그를 받지 못하나니 이는 그를 보지도 못하고 알지도 못함이라 그러나 너희는 그를 아나니 그는 너희와 함께 거하심이요 또 너희 속에 계시겠음이라

요한복음 10장

34 예수께서 이르시되 너희 율법에 기록된 바 내가 너희를 신이라 하였노라 하지 아니하였느냐
35 성경은 폐하지 못하나니 하나님의 말씀을 받은 사람들을 신이라 하셨거든

05

자신을 사랑하지 말고 자신의 꿈을 사랑하라

1

자신을 사랑하라!!!

이러한 말에 절대 속지 말라.

"아니, 자신을 사랑해야지, 자신을 사랑하는 것이 뭐가 나쁜 건데? 그러면 자신을 무시하고, 자신을 하찮게 여기고, 자신을 미워하란 말이야?" 이렇게 반문을 할 것이다.

그런데 자신을 무시하고 자신을 하찮게 여기는 이러한 것들 자체가 다 자신을 사랑하는 데서 나온다는 사실을 몰라서 그러는 것이다.

왜 자신을 무시하고 자신을 하찮게 여기겠는가?

자신이 못마땅하기에 그러는 것이다.

왜 못마땅할까?

상황이 원하는 만큼 좋지 않고 스스로 만족하지 못하기

때문이다.

결국 자신을 무시하고, 자신을 깔보고, 자신을 안타까워하는 것은 대부분 나르시시즘의 산물이다.

자신에 대한 욕망이 클수록 자신에게 못마땅할 일들이 많아질 것이다.

따라서 자신을 사랑해야 하는 것이 아니라 자신의 꿈을 사랑해야 한다. 꿈을 사랑하는 것이 야망을 사랑하는 것으로 오해해서는 안 된다.

야망이나 더 높은 이상, 이러한 것을 꿈이라고 생각하겠지만 그것 역시 자기사랑이다. 사람이 그 무엇을 사랑한다고 해도 그러한 것들 대부분은 자기사랑인 것이다. 자기사랑은 자신을 위해서나 이웃을 위해서나 세상을 위해서 아무런 도움이 되지 못한다. 자기애는 자기를 미워하게 만들고 남도 미워하게 만든다.

자기사랑이 자기를 판단하게 하고 남도 판단하게 한다.

자기사랑이 자신을 불안하고 두렵게 만든다.

자기사랑이 감사와 평안을 주기보다 불평과 원망을 하게 한다. 그렇다면 자신의 꿈을 사랑하라는 것은 무엇을 말하는 것인가? 그것은 자기의 존재 이유와 목적을 사랑하라는 것이다.

이건 또 무슨 말인가, 할 것이다.

누구나 자신의 존재 이유와 존재 목적을 꿈으로 삼아야 한다. 이 꿈이 아닌 다른 모든 꿈은 결국 허무로 끝이 나게 되어 있다. 존재하는 사람들이 아무런 목적 없이 존재해야 한다면 처음부터 쓰레기처럼 버려질 수밖에 없다.

그 어떤 의미도 가치도 없는 쓰레기.

있어야 할 이유가 사라졌는데 있는 게 오히려 걸리적거리기만 할 뿐.

이 세상에 존재하는 모든 것 중에서 목적 없이 그냥 존재하는 것이 과연 있을까? 그 목적을 잃어버렸다면 사람들은 그것을 쓰레기로 처리해 버릴 것이다.

존재해야 할 이유가 사라지고 아무 쓸모도 없이 어지럽게 널브러져 있을 뿐이라면 아무짝에도 쓸모가 없는데 그걸 버려야 하지 않겠나? 만약 존재의 목적이 있다면 그 목적에 맞는 것에 쓰일 것이다.

당신은 지금 왜 존재하고 있는가?

만약 우리가 가진 신체의 각 지체들이 그 존재 목적대로 존재해 주지 않는다면 우리는 살아가는데 아주 심각한 문제가 생긴다.

눈은 보기 위해 존재한다. 그런데 눈이 앞을 보지 못한다면 온몸이 고생하게 된다.

귀는 듣기 위해 존재한다. 그런데 귀가 들어야 하는 목적을 잃어버린다면 온몸이 고생하게 되는 것이다.

귀가 보려고 하고, 눈이 들으려고 하고, 입이 배설하려고 한다면 이 몸은 도대체 어떻게 살아갈 수 있을까?

태양이 그 존재 목적을 잃어버린 채 한 시간만 빛을 잃어버린다면 세상은 어떻게 될까?

이와 같이 모든 피조세계는 창조자의 창조 목적대로 존재하는 것만이 가장 고귀하고 가치있고 의미있는 것이다.

왜 생태계를 잘 보존해야 하는가?

모든 자연이 각자 자기 위치에서 자기 존재의 목적에 맞게 존재해 주어야 하기 때문이다. 그렇지 않으면 생태계는 다 망가지고 세상은 그것으로 끝이 나게 된다.

이렇듯 이 세상에 목적이 없이 존재하는 것은 단 하나도 없고 존재의 목적이 있을 때에 존재의 이유와 의미가 있는 것이다.

그런데 이상하게도 이 세상에 존재하고 있는 존재들 중 오직 인간만이 그 목적이 없단다.

목적을 잃어버렸는데 무엇을 위해 어떻게 살란 말인가?

살아야 할 이유가 사라져버렸는데 어떻게 살아야 하는 지에 대해서 열을 올리고 있다.

사람들은 오늘도 역시 어떻게 살아야 하는지에 대해서 물으며 살아갈 것이다.

어제도 그랬고 내일도 역시 그럴 것이다.

오늘은 무엇을 먹지?

노후 준비는 어떻게 해야 하지?

2

"인생이란 어떤 의미도 목적도 없는 다 부질없는 것뿐이야~ 삶은 아무리 애쓰고 힘써서 뭔가를 이루어낸들 결국 허무함 뿐이야~ 인생이란 이렇게 허무하고 무의미하고 무가치한 존재, 그 이상 아무것도 없어. 우리는 그냥 열심히 자신의 세계를 자기가 원하는 대로 마음껏 펼치며 살아가면 그만이야~ 우리는 이 땅에서 건질 거라고는 아무것도 없어~ 결국 남는 것은 죽음뿐이고 허무함 뿐이거든. 그러니 아무것도 아닌 전혀 무가치한 것에다가 애써 의미를 부여하려 하지마~"

왜 살아야 하는지 알 필요도 없이 그냥 열심히 무작정 살아가란다. 이 세상에 목적없이 존재하는 것은 단 하나도 없는데 오직 사람만큼은 신기하게도 아무런 존재 목적이 없단다. 의미도 없는 일을 그냥 열심히 하면서 자신의 세계를 펼치란다. 아무런 목적도, 의미도 모른 채 땅을 팠다가 다시 덮고, 또 파고 다시 덮는 것처럼 그렇게 무작정 하란다. 그것도 아주 열심히 말이다. 그리고 더욱 정열적으로 잘 파고 잘 덮으면 그에게 박수와 찬사를 보낸다. 저 사람은 의미도 없는 일을 어쩜 저렇게 누구보다 열심히 할 수 있을까?

저런 분의 삶을 본받아야 해~

정말 존경스러워~

이러한 가르침에 속아서 살아가는 인생들이 불쌍하다 생각하지 않나? 인간의 실존은 자신의 존재 목적과 그 이유를 알고 오직 그것을 사랑하는 데 있다.

존재의 이유와 목적을 사랑하면 할수록 자기 존재가 누릴 수 있는 최고를 누릴 수 있는 것이다. 존재 이유와 목적을 100만큼 사랑한다면 그 삶을 100만큼 누릴 수 있는 것이다. 그것이 이 땅에 온 이유이고, 지금 살아야 할 이유이기 때문이다.

그런데 사람들은 목적도 없이 그냥 무작정 달리기만 한다. 어디로 가고 있는지, 왜 달려야 하는지, 달려야 하는 의미는 무엇인지, 아무것도 묻지도 따지지도 않고 달리라고 하니까 달리고, 남들 달리니까 무조건 따라서 달린다.

그리고 서로에게 응원하며 박수친다.

더 달려~ 더 빨리~ 더 열심히~

그리고 잘 달렸다고 상을 준다.

정말 잘했어~ 넌 역시 대단해~

목적 없는 달리기 경주를 너도 나도 달리고 또 달린다. 누군가는 그 달리기에서 뒤처지니까 그냥 포기해 버린다.

어차피 목적 없긴 마찬가지다 보니 특별히 그들을 쫓아가지도 않고 그냥 하루하루 목적 없이 뒹굴뒹굴하며 그냥 산다.

달리는 이유도 모른 채 그냥 달리기만 하는 자는 삶이 재미가 없고, 의미를 모르고 달리기만 하니 달리고 나면 찾아오는 손님이 있다.

아~ 힘들다.

아휴~ 너무 지친다.

이젠 좀 그만하고 싶다.

무엇을 위해 이렇게 달려야 하지?

그래도 뭐 별수 있나~

남들도 죽어라 달리고 있는데 내가 쉬면 나만 뒤처지잖아~

그래 내일은 더 열심히 달려보자.

이렇게 살아가다 보니 지칠 대로 지쳐서 이제는 힐링이 필요하단다. 힐링을 받아야 한다고 여기저기 또 쫓아다닌다. 그래, 이제 일에만 지쳐서 살지 말자. 여행도 가고, 맛있는 것도 먹으러 다니고, 인생 뭐 별거 있어? 한번 살다 가는 것인데….

이러다가도 어쩔 수 없이 또 달려야만 하는 이 운명의 달리기를 또 시작한다. 역시 왜 달려야 하는지 모르고 그냥 달린다.

다람쥐 쳇바퀴 인생의 무한 반복~

사람들은 그 아름다운 인생을 가져다가 이렇게 의미 없고 별 볼 일 없는 인생으로 만들어 버린다.

존재 이유를 모른 채 달리기만 하니 이런 낭패가 생기는 것이다. 존재 이유를 모르니 방향을 잃어버렸다.

어제도 방황, 오늘도 방황, 방황의 연속.

세상에서 진리에 대해 가르침을 주고 있는 이들 중 왜 살아야 하는지를 가르쳐 주는 이는 단 한 사람도 없다. 찾아보라. 정말 없다. 진리를 말하려면, 사람은 왜 사는가를 말해주어야 하는데 그것을 말하는 자는 아무도 없다. 세상에 왜 태어났는지, 왜 살아야 하는지 그 목적을 말할 수 없으니 우연히 던져졌단다. 이유 없이 그냥.

자기 스스로 어떤 목적을 가지고 세상에 온 적이 없기 때문에 알 수 없는 것은 당연하다.

인간은 목적을 가지고 태어난 존재가 아니라 자기도 모르는 사이에 우연히 던져진 존재라 생각하니 당연히 왜 살아야 하는지를 알 수 없는 것이다.

시지프스의 신화 이야기가 있다.

시지프스라는 사람이 신들의 말을 듣지 않아 신들에게 벌을 받는 이야기가 나온다.

끝이 뾰쪽한 바위산 정상에다 커다란 바위를 굴려서 올려놓으라는 벌이다. 열심히 땀을 흘리며 겨우 올려놓으면 바로 아래로 굴러떨어진다. 그러면 다시 올리기를 시작해야 한다. 올려놓으면 또다시 굴러내린다. 아무런 의미도 목적도 없는 미친 짓 같은 이 일이 끝도 없이 무한 반복되는 것이다. 그런데 힘들다고 투정 한 번 부리지 않고 묵묵히 그리고 당당히 그 일을 행한다.

알베르 카뮈는 이 시지프스의 신화를 바탕으로 인간의 실존에 대해 가르침을 전하고 있다.

인간의 삶이란 아무리 노력하고 모든 수고를 아끼지 않고 열심히 살아가지만 다 헛수고일 뿐이라고 한다.

인생이란 어떠한 의미도 없으며 목적도 없다. 아무 의미도 없는 허무한 존재, 그것이 인간이라는 것이다.

그러니 존재의 의미나 목적을 찾지 말고 지금 존재하는 그대로의 자신을 생각하고 자기 삶의 주체로서 자신의 삶을 만들어 가면 그만이라는 것이다. 이것이 실존주의 철학이다.

그는 이렇게 말한다.

"굴러 떨어지는 바위를 향해 다시 내려오는 이 순간이야말로 시지프스가 자신의 운명을 이기는 승리의 순간이다."

인생은 어떤 목적도 없고 의미도 없는데도 그 일을 아무렇지도 않게 그냥 묵묵히 해내는 것을 운명을 이기는 승리라고 말하고 있는 것이다. 사람들은 이러한 카뮈의 가르침에 놀라하며 그에게 노벨상을 안겨 준다.

그렇기 때문에 인생이 무엇인지 생각해 본 사람이라면 누구나 허무주의에 빠질 수밖에 없다. 허무주의를 부추기는 사람들이 철학자들이다. 그들은 의미와 목적, 꿈이 있는 아름다운 삶을 무의미하고 무가치한 존재로 만들어 버린다. 그래서 사람들은 행복하지 않고 인생에서 의미를 느끼지 못한 채 살아간다.

그래서 상황이 어려워지면 스스로 목숨을 끊어 버린다. 목숨을 끊었다고 뭐 이상할 것이 하나도 없다. 어차피 인생은 무의미하고, 의미가 없으니 존재해야 할 이유가 사라져버린 것이다.

내가 가지고 있는 스마트폰만도 못한 이 무용지물의 인간 목숨을 붙들고 있다는 것은 피곤하기밖에 더 하겠나?

사람에게 존재 이유와 목적이 없다면 우린 자기 자식이 목숨을 끊겠다고 할 때 말려서는 안 될 것이다. 말려야 할 명분이 없기 때문이다. 인생의 목적이 없다고 배웠으니 인생의 무대에서 사라져도 뭐 그리 이상할 것이 없는 것이다. 살고 싶으면 살면 되고, 죽고 싶으면 죽으면 된다. 죽는 것은 나쁜 것이라고 무엇을 근거로 말할 수 있겠나? 그래서 어떤 기준도, 어떤 준칙도 다 해체시켜 버린 포스트모더니즘이 지금의 시대를 이끌고 있다.

목적을 잃어버린 인류는 이렇게 이상한 사상들이 마음껏 휘두르는 칼에 무참히 살육당해 왔고 앞으로도 그럴 것이다.

왜 존재해야 하는지 그 목적을 잃어버린 인류는 결국 스스로 파멸하고 말 것이다. 그들은 인류가 파멸한다고 해도 놀랄 것이 하나도 없다. 왜냐하면 어차피 무의미한 존재이니까? 쓰레기더미가 사라진다고 아쉬워할 게 뭐 있겠나?

현대인들은 이렇게 철학자들의 무책임한 선동에 따라서

자신들의 인생의 갈 바를 찾지 못하고 우왕좌왕 방황하고 있는 것이다.

4

그런데 인류역사 가운데 인간의 존재 이유를 말하고 있는 책 한 권이 여기 있다. 유일하다. 그것이 바로 성경이다. 인류의 역사 이래 그 어디에도 없는 인간이 왜 존재해야 하는지 그 이유를 성경만이 유일하게 말하고 있다. 이것이 참 신기하게 느껴지지 않나? 어떻게 정말 아무도 말을 안 하고 있지?

어떻게 그 어디에도 인간 존재 이유에 대해 말하는 이가 없지? 이것이 참 신기한 것이다.

그러나 신기한 것이 아니라 당연한 것이다.

오직 인간을 만든 창조자만 그 이유를 알고 있기 때문이다. 사람은 자기의 존재 이유와 목적을 알아차리고 그것을 사랑할 때 자신을 존재케한 창조자와 연합을 이루게 된다.

예를 든다면, 여기 스마트폰이 존재한다.

스마트폰의 존재가 의미 있으려면 그 스마트폰의 기능이 훌륭할수록 좋다. 그럴수록 그 존재의 가치가 생겨난다.

존재의 능력치가 곧 그 존재의 가치이다.

스마트폰은 스마트폰의 기능이 있다. 스마트폰을 만든 이는 세상에 나와 있는 스마트폰 중에서 최고의 기능을 가진 스마트폰을 만들려고 할 것이다. 그래야 제일 값어치가 나갈 테니까.

스마트폰은 스마트폰의 역할을 잘 감당하는 것만이 그 존재의 목적이며 가치이다.

아무리 많은 기능을 탑재했더라도 자꾸만 문제가 생기면 무용지물이다. 오히려 짜증나게 된다. 뭔가 해보려 해도 자꾸만 문제를 일으킨다면 금방 버리고 싶을 것이다.

목적에 부합할 때 존재의 의미가 있고 가치가 있는 것이다. 그러기에 우리가 자신의 존재 목적을 사랑하면 할수록 그 존재의 가치가 생겨난다. 스마트폰의 가치를 높이려면 스마트폰의 존재를 가장 훌륭하게 만들면 되듯이 마찬가지로 나를 만든 이의 뜻을 잘 알아차리고 그 의도에 부합되게 살아갈수록 그렇게 가치있고 훌륭한 존재가 되는 것이다.

사람의 존재가치는 사람을 만든 이의 의도에 가장 부합하게 살아갈 때 그만큼의 가치가 생겨난다.

그러기 때문에 존재 이유와 목적에 맞게 살기 위해서 그것을 사랑하라는 것이다.

목적대로 살라고 하니 억지로 그렇게 살려고 노력하라는

것으로 생각해서는 안 된다. 자칫 목적이 오히려 무거운 짐이 될 수 있다. 그렇게 해서 얻어지는 것들은 그 가치가 쓰고 냄새가 고약하기도 하다. 그 목적 때문에 삶이 오히려 지치고 불만족이 생겨나게도 된다. 너무도 사랑하는 이를 바라보고 입을 맞추듯이 사랑하라는 것이다. 의무가 아니라 사랑이다. 창조자의 뜻대로 살려고 노력하는 것이 아니라 그 뜻을 사랑하는 것이다. 그 뜻을 사랑하라는 것이란 그것이 지켜야 할 부담스런 법이 아니라 자신의 의지이며, 그것이 자기의 뜻이 되고, 자기의 바람이며, 자기 스스로의 열정이라는 것이다.

이것은 그 꿈을 이루라고 하니까 이루려고 애쓰는 것과는 차이가 있다. 수동적인 것이 아닌, 내가 간절히 원하는 나의 꿈인 것이다. 누구도 말릴 수 없는 자기 스스로의 비전이자 열망인 것이다. 게임을 좋아하면 게임에 빠지듯이 자기가 좋아서 그 길을 가는 것이다.

'결혼했으니 서로 마음 맞춰서 잘 살아봐야지' 하는 의무감의 결혼생활이 아니라 더욱 행복한 결혼생활의 꿈을 갈망하고 찾는 것이다. 사랑에는 완성이 없다. 아무리 사랑해도 부족함만 있다.

그래서 자신의 꿈을 이루라고 하기보다 자신의 꿈을 사랑하라고 하는 것이다.

사랑은 무거움이 아닌 설레임인 것이다. 사랑은 아무리 해도 모자라기만 하기에 우리의 삶은 계속 더욱 열정이 타오르게 되는 것이다.

그 사랑의 깊이는 각자가 다 다르겠지만 우리에게 던져진 인생이란 오직 그 길을 더욱 사랑하는 것이다.

사랑의 크기만큼 그 만큼의 가치가 생겨나는 것이다.

그렇다면 이런 질문을 할 수도 있을 것이다.

나를 존재케 한 이의 뜻에 따라서만 사는 것이 인생이라면 그 인생이란 게 자유가 아니라 오히려 신의 노예가 아니냐?

신이 인간을 자기 욕망을 실현하는 도구로 사용하는 것 아니냐? 우리의 인생이란 게 마치 신의 도구가 된 것처럼 신의 명령에 따라 작동되어야 하는 수동적인 존재가 아니냐? 하며 의문을 가질 수 있을 것이다.

그러나 절대 그렇지 않다.

그동안 기독교의 역사가 신관을 잘못 뿌리내려 하나님의 이미지에 대해 아주 크나큰 오해를 불러 일으켜서 그렇게 된 것이다. 하나님의 법 때문에 사람들은 뭔가 자유롭지 못하고, 하나님의 말씀을 지켜내야 하는 부담감이 늘 무거운 짐이 되었던 것이다.

이러한 하나님에 대한 잘못된 이해가 서로를 판단하게 했고 그 판단으로 인해 믿는다고 하는 이들끼리 피비린내 나는 전쟁도 하게 되었던 것이다.

그러다 보니 유럽이라고 하는 거대한 기독교 세계 가운데서 조금은 똘똘한 이들이 등장해서 그 기독교를 분해시켜 버린 것이다. 신기하게도 분해가 되는 것이 놀랍다. 세계를 움직이던 그 거대한 유럽의 기독교가 지금은 겨우 흔적만 남았다고 할 만큼 와장창 무너져버린 것이다.

기독교를 무너뜨렸던 그들에게 성경이 말하고자 하는 그 복음이 제대로만 전달되었더라면 하나님의 나라가 이 땅에 이루어지게 하는 데 있어 그들은 그 어느 누구보다도 앞장서서 예수를 전했을 것이라 생각한다. 안타깝게도 기독교는 그리스도의 복음과는 거리가 먼 길로 너무도 멀리, 그리고 너무도 열심히 달려갔던 것이다.

복음은 결코 무거운 짐이 될 수 없으며,

복음은 결코 부담스런 법도 아니며,

복음은 결코 뭘 지켜내야 하는 의무가 있는 것도 아니며, 복음은 우리를 부자유하게 만드는 창살 없는 감옥도 아니다.

복음은 오히려 모든 이들에게 자유와 해방 그리고 행복과 사랑만을 주는 것이 복음이며 이 복음을 전하는 데가 교회인데, 교회가 앞장서서 교회의 권위로 개인의 삶을 통제하고 조종하고 억압했던 것이다. 예수를 믿음으로 그들의 삶에는 자유가 아닌 또 하나의 법에 얽매이게 된 것이다. 늘 죄짊에 시달려야 했고 말씀 앞에 복종이 강요됨으로 자유가 사라지게 된 것이다. 너무도 많은 부분에 제약을 받고, 통제를 받게 되고, 온갖 판단과 정죄로 개인의 자유는 침해 받았던 것이다. 인간이 지킬 수도 없는 그 많은 율법과 계명들을 지키느라 개인의 자유는 차압당하게 되고, 신의 말을 듣지 않으면 지옥의 형벌을 받게 된다고 하니 항상 불안하고 두려웠던 것이다.

교회 권력은 백성들을 다스리고 통제하는데 하나님의 이름을 사용했던 것이다. 그러함으로 유럽의 교회는 이상하고 저질스런 신관을 뿌리 내리게 되었고, 사랑의 하나님이 아닌 무거운 법을 짊어지게 하고 말 안 들으면 벌을 내리는 그러한 자기들 맘대로의 신을 제작했던 것이다. 그러다 보니 보이지도, 있지도 않은 허상을 만들어 놓고, 그 헛된 것 때문에 자유를 누리지 못한다고 생각한 나머지 참다못해 인간들은 드디어 신으로부터 해방을 선포한 것이다.

그러한 신으로부터 해방되기 위해서는 그 신을 죽여야 했던 것이다. 그러함으로 그동안 신의 대리자로 존재해왔던 거대 권력에 맞서 대혁명을 일으키게 된다.

이 혁명은 신으로부터 자유를 선언한 인간의 자유선언이었고, 신의 노예로부터 해방을 선포한 선포식이었던 것이다.

이것이 바로 프랑스 대혁명이다.

드디어 인간이 신을 무너뜨리게 된 것이다.

인간의 승리로 끝이 난 신으로부터의 자유 혁명은 대성공을 거두었다. 이때부터 유럽의 시민들은 그동안 있지도 않은 신 때문에 하고 싶은 것도 못하고, 즐기고 싶은 것도 마음껏 못 즐기던 노예의 삶에 종지부를 찍고 본능에 충실한 쾌락과 향락을 자유롭게 누릴 수 있게 되었다.

개인의 자유 보장.

시민이 주인 되는 세상.

모두가 함께 잘 사는 행복한 세상.

이렇게 신의 개입을 없애고 인간의 자유선언으로 인간이 주인 되면 꿈에 그리던 그러한 세상이 올 줄 알았다.

그런데 시민이 주인 되어도 역시 인간에게는 자유가 없었다. 오히려 더욱 거대한 피를 뿌리는 세계 전쟁이 두 번씩이나 터져버렸다. 신으로부터 인간의 자유선언이 행복으로 이어질 줄 알았는데 더 큰 고통과 아주 참혹한 일을 겪게 된 것이다.

현재 우리나라는 개인의 자유를 최우선으로 하는 자유 민주주의 국가이다.

우리나라가 경제도 성장해서 먹을 게 없어 굶주렸던 시대에 비하면 나름 살만한 나라임에도 스스로들이 헬조선이라고 할 정도로 자유를 누리지 못하고 있는 것이 현실이다.

신을 없애면 자유케 될 줄 알았는데 신보다 더 센 세상 신의 힘에게 목덜미를 붙잡혀 이리저리 끌려다니고 있는 것이다.

신에 의해서가 아닌, 인간 스스로들의 능동적 활동으로 살아가면 자유롭고 행복한 세상이 올 줄 알았는데 오히려 세상이라는 더 거대한 법에 묶여 감옥살이를 하고 있지 않은가? 아니, 감옥보다 더한 헬조선~ 아무리 능동적으로 자유롭게 살아보려고 해도 세상이 만들어 놓은 틀 안에 갇혀서 자유로울 수 없다.

인간 본능에 끌려 자신들의 육적 욕망의 세계를 잘라낼 힘이 없는 인간은 세상의 노예로 살아갈 수밖에 없는 운명이 되어 버렸다. 그들은 자기 본능에 끌려다니며 이리 갔다 저리 갔다 하는 것을 능동적이라 생각하겠지만 결코 그렇지가 않다. 저 드넓은 욕망의 바다에 스스로의 자유를 가지고 풍덩 빠져 버렸다. 그 바다 한가운데서 오직 살아남으려는 일념 하나 부여잡고 안간힘을 쓰며 발버둥 쳐대지만 빠져나올 길이 보이질 않는다. 참으로 슬프고 가련한 인생들이다. 그러한 인생을 어찌 능동적인 인생이라고 말할 수 있겠는가?

6

우리는 물도 먹어야 하고 밥도 먹어야 한다. 먹지 않으면 반드시 죽는다. 잠도 자야 하고 운동도 해야 한다.

우린 이것을 수동적인 인생이라고 말하지 않는다. "난 물을 마셔야만 살 수 있는 수동적인 불쌍한 인간이야~" 이렇게 생각하는 이가 있을까?

이것은 자연스러움이라고 한다.

오히려 물을 마시며 시원함을 느끼고, 밥을 먹으면서 맛있음에 감동을 하고, 잠에 깊이 빠져 기절한 것처럼 되었는데 너무도 개운해 한다. 하나님의 뜻은 우리를 조종하고 우리를 가둬두는 감옥이 아니다. 하나님의 뜻은 그분의 아름다우심, 그분의 사랑, 그분의 평화, 그분의 희생, 그분의 부드러움, 그분의 오래 참음, 그분의 온유하심의 공기와 물과 양식을 먹으면서 마음껏 날개 치며 하늘을 날아오르라고 하시는 것이지 인간의 자유를 통제하는 것이 아니다. 이러한 아름다움이 꿈이 되고 열정이 되는 것이다.

이 양식은 먹으면 먹을수록 삶에 생기가 일어난다.

목적과 목표가 생기니 삶에 활력이 생긴다.

자신의 삶에 가치가 생겨나니 삶에 보람을 느끼게 된다. 살아가는 재미와 성취감과 그 열매가 참으로 달다.

이렇게 삶의 존재 이유를 알고 살아가니 길을 찾지 못해 방황할 이유가 없이 너무도 행복한 것이다.

하나님은 인간들의 숭배를 원하시지 않는다.

마태복음 9장

13 너희는 가서 내가 긍휼을 원하고 제사를 원하지 아니하노라 하신 뜻이 무엇인지 배우라 나는 의인을 부르러 온 것이 아니요 죄인을 부르러 왔노라 하시니라

마태복음 12장

7 나는 자비를 원하고 제사를 원하지 아니하노라 하신 뜻을 너희가 알았더라면 무죄한 자를 정죄하지 아니하였으리라

하나님은 우리에게 더 큰 만족, 더 큰 감동, 더 큰 성취, 더

큰 보람, 더 큰 행복을 느끼게 해주신다.

우리가 날마다 마음껏 꿈을 펼치기를 원하신다.

결코 수동적인 인생이 아니라 자기 주도적으로 자신의 자유를 가지고 마음껏 뜻을 펼치라고 하신다.

인간의 존재 목적이 길이 되고 방향이 되어, 가치있고 의미있고 영원히 소멸하지 않는 그 아름다운 꿈을 펼치라는 것이다. 그 뜻을 사랑함으로 나도 살고, 남도 살고 우리 모두가 마음껏 꿈을 펼쳐가는 세계인 것이다.

하나님은 인간을 절대로 통제하지 않으신다.

인간이 스스로의 선택으로 그 아름다운 꿈을 품고 살아가는 것이다. 바로 우리의 존재 이유와 목적대로 존재하는 것을 사랑하는 것이다. 존재의 이유와 목적을 알고 오늘을 사는 자는 허무함을 느낄 수 없다. 존재 목적의 내용만큼의 가치를 갖게 된다.

우리의 존재는 예수의 존재감이 되어 존재하게 되는 것이다.

왕으로서 땅을 살아가는 자, 그것도 사랑의 왕.

바로 이 꿈이다. 이 꿈만이 가장 멋진 가치를 창조한다.

이 꿈이 없거나, 이 꿈을 무시하거나, 이 꿈과 상관없이 존재하는 이들의 인생 가운데 남아있는 것이라고는 단 하나밖에 없다.

허무, 무의미, 무가치.

그 목적대로만 존재케 되는 꿈을 사랑하지 않고 육적본능에 끌려 자기 인생만을 사랑하는 자의 끝은 허무만 남는다.

그들의 삶에는 불안과 두려움과 원망의 열매들이 맺힐 것이다. 인생의 시간이 흐르면 흐를수록 후회와 아쉬움과 허탈감이 찾아올 것이다.

너의 존재 이유를 사랑하라.

너의 존재 목적을 더욱 사랑하라.

왜 살고 있으며, 어떻게 살아야 하며, 무엇으로 살아야 하는지를 너의 심장이 소리칠 것이다. 너의 심장의 소리를 들어라.

그 사랑이 너의 심장을 힘 있게 두드리고 있다.

하나님의 뜻이 나의 꿈이 되는 것,

하나님의 뜻은 사랑이고, 평화이고, 희생이고, 오래 참음, 섬김, 나눔, 겸손 등등이다.

이러한 키워드들을 사랑하는 것.

그들의 삶에는 허무가 아닌 설레임이 있고 성취가 있고 보람이 있는 것이다.

이 꿈을 사랑하는 것이 인생이 되는 것이다.

내가 살아가는 목적이 너무도 분명하고 또렷하다.

그렇게 하나하나 정복해가는 꿈같은 인생인 것이다.

그리고 그 꿈은 영원히 존재케 하는 생명을 탄생시킨다.

그 꿈을 더욱 사랑하고

그 꿈을 더욱 찾고

그 꿈을 더욱 갈망하고

그 꿈을 창조해 가는 것이 당신의 가치인 것이다. 자기를 사랑하는 자의 삶의 끝은 결국 허무로 끝이 나겠지만 자기의 꿈을 사랑하는 자의 삶은 영원히 빛날 것이다.

이사야 43장

18 너희는 이전 일을 기억하지 말며 옛날 일을 생각하지 말라

19 보라 내가 새 일을 행하리니 이제 나타낼 것이라 너희가 그것을 알지 못하겠느냐 반드시 내가 광야에 길을 사막에 강을 내리니

20 장차 들짐승 곧 승냥이와 타조도 나를 존경할 것은 내가 광야에 물을, 사막에 강들을 내어 내 백성, 내가 택한 자에게 마시게 할 것임이라

21 이 백성은 내가 나를 위하여 지었나니 나를 찬송하게 하려 함이니라

마태복음 5장

3 심령이 가난한 자는 복이 있나니 천국이 그들의 것임이요

4 애통하는 자는 복이 있나니 그들이 위로를 받을 것임이요

5 온유한 자는 복이 있나니 그들이 땅을 기업으로 받을 것임이요

6 의에 주리고 목마른 자는 복이 있나니 그들이 배부를 것임이요

7 긍휼히 여기는 자는 복이 있나니 그들이 긍휼히 여김을 받을 것임이요

8 마음이 청결한 자는 복이 있나니 그들이 하나님을 볼 것임이요

9 화평하게 하는 자는 복이 있나니 그들이 하나님의 아들이라 일컬음을 받을 것임이요

10 의를 위하여 박해를 받은 자는 복이 있나니 천국이 그들의 것임이라

11 나로 말미암아 너희를 욕하고 박해하고 거짓으로 너희를 거슬러 모든 악한 말을 할 때에는 너희에게 복이 있나니
12 기뻐하고 즐거워하라 하늘에서 너희의 상이 큼이라 너희 전에 있던 선지자들도 이같이 박해하였느니라
13 너희는 세상의 소금이니 소금이 만일 그 맛을 잃으면 무엇으로 짜게 하리요 후에는 아무 쓸 데 없어 다만 밖에 버려져 사람에게 밟힐 뿐이니라
14 너희는 세상의 빛이라 산 위에 있는 동네가 숨겨지지 못할 것이요
15 사람이 등불을 켜서 말 아래에 두지 아니하고 등경 위에 두나니 이러므로 집 안 모든 사람에게 비치느니라
16 이같이 너희 빛이 사람 앞에 비치게 하여 그들로 너희 착한 행실을 보고 하늘에 계신 너희 아버지께 영광을 돌리게 하라

06
난 왜 살지

어둠을 없애기 위해 무수히 노력해도 빛이 생기는 것은 아니다.

걱정이 다 사라졌다고 행복하다고 말할 수 없다.

마음을 비우고, 내려놓고 내 안에서 일어나는 수많은 불안이 없어진다고 해서 삶의 의미와 목적이 생기는 것은 아니다.

내가 살아야 하는 이유를 찾아 봤다.

태어났으니 살고 있는 거지, 왜 살아야 하는지는 도무지 모르겠다. 목적이 있어야 삶의 의미도 있는 거지, 목적이 없는데 왜 살아야 하지? 연필 한 자루도 다 목적이 있고, 종이 쪽지 한 장도 다 존재하는 이유가 있는데 이 고달픈 인생의 한복판에 나는 도대체 무엇을 위해 서 있는 건가?

소크라테스에게 물었다.

그가 대답한다.

"나도 몰라~ 아무리 알려고 해도 도대체 왜 사는지를 나도 모르겠어. 그런데 알지도 못하면서 안다고 떠들어 대는 자들이 너무 많잖아? 나는 내가 모르고 있다는 것을 알고 있는데 그들은 모르면서도 안다고 떠들거든. 그래서 난 그들에게 말했지, 너 자신을 알라고."

나름 정직한 게 멋있긴 하지만 소크라테스가 모른다 하니 현대철학의 대부인 니체에게 가서 물었다.

"왜 사냐고? 응, 그거, 내가 가르쳐 주지. 왜 살아야 하는지 이런 것은 묻는 게 아냐. 그냥 어떻게 살아야 하는지만 생각해. 그냥 너가 원하는 것, 너가 바라는 것, 그걸 열심히 더 열심히만 하면 돼. 그게 다야. 인생의 의미? 그런 건 없어. 그냥 너 스스로가 너의 인생을 창조하며 더욱 높은 이상을 향해 전력을 다하는 것만이 전부야. 그 이상은 아무것도 없어."

"아니, 열심히 살아봤자 아무 의미가 없는데 뭐 하려고 그렇게 꿈을 꾸고 도전하고 더욱 높이 날아올라야 하는 거죠?"

"그래, 어차피 의미는 없어!! 그래도 우린 소중하니까, 더욱 멋진 인생의 꽃을 피워야지."

아모르파티

니체하고 대화를 하니 더 답답하기만 하다.

석가모니는 뭔가 답을 줄 수 있을까?

석가모니는 대뜸 이렇게 말한다.

왜 쓸데없는 것들에 집착하고 있어~

그런 집착은 다 버려~

너의 문제는 지금 너가 힘들다는 거야~

너가 해야 할 일은 힘들고 지친 너를 그 고통으로부터 해방시키는 거야.

독화살에 맞아 당장 죽게 되었는데 일단 화살을 뽑는 것이 중요하지 독이 퍼져 죽어가고 있는데 화살을 제거할 생각은 하지 않고 그 화살을 누가 쐈는지, 화살 끝에 묻은 독은 어떤 성분인지… 뭐 이런 것들을 묻는 게 말이 되느냔 말이야~

알 수 없는 것들을 붙잡고 씨름한들 무슨 의미가 있겠어~

우리가 아는 것은 지금 살아가고 있는 인생이 고통스럽다는 것이고 우리가 해야 할 것은 그 고통으로부터 벗어나는 일이야~

도대체 이 선생들은 내가 왜 태어났으며 무엇을 위해 살아야 하는지는 가르쳐 주지 않고 그냥 더 높은 이상을 이루라고만 하고, 고통에서 벗어나라고만 하고. 아휴~ 답답하구만. 누가 그 답을 줄 수 있을까 하고 그동안 인류역사 가운데 등장했던 사상가나 철학자, 종교창시자들을 수도 없이 찾아 만나 봐도 단 한 사람도 이것을 가르쳐 주는 이가 없었다.

소크라테스, 플라톤, 아리스토텔레스, 데카르트, 칸트, 헤겔, 쇼펜하우어, 니체, 사르트르, 비트겐슈타인, 프로이트, 마르크스, 푸코, 공자, 맹자, 노자, 장자, 묵자, 석가 등등.

모두가 이 문제에 대해서는 침묵을 하고 있다.

어느 누구도 답을 주지 않아 답답한 마음에 마지막으로 예수에게 물었다.

"응, 나를 믿어야 돼~ 내가 곧 길이요, 진리요, 생명이야. 내 말을 들으면 너가 왜 태어났으며, 너의 인생의 의미와 목적이 무엇인지 분명히 알게 돼."

아이고~

이건 한술 더 뜨는데?

"내가 하는 말은 내가 하는 말이 아니고 나를 보내신, 그리고 너를 만드신 내 아버지의 말이거든. 그러니 나를 믿는 것은 곧 나를 보내신 이를 믿는 거야."

이건 또 무슨 말인 거야?

어디서 듣도 보도 못한 엉뚱한 말만 하고 있잖아~

요한복음 5장 19절

그러므로 예수께서 그들에게 이르시되 내가 진실로 진실로 너희에게 이르노니 아들이 아버지께서 하시는 일을 보지 않고는 아무것도 스스로 할 수 없나니 아버지께서 행하시는 그것을 아들도 그와 같이 행하느니라

20절 아버지께서 아들을 사랑하사 자기가 행하시는 것을 다 아들에게 보이시고 또 그보다 더 큰 일을 보이사 너희로 놀랍게 여기게 하시리라

24절 내가 진실로 진실로 너희에게 이르노니 내 말을 듣고 또 나 보내신 이를 믿는 자는 영생을 얻었고 심판에 이르지 아니하나니 사망에서 생명으로 옮겼느니라

"나는 이렇게 늘 창조자인 아버지 하나님이 하시는 대로 하고 있고 나 스스로는 아무것도 할 수 없어. 그런데 내 안에 계신 아버지의 영으로 나는 무엇이든 할 수 있는 거지.

사람은 이렇게 아버지의 영으로만 살아야 해. 그의 영을 받아 그 영으로 존재하면 그 거룩한 영이 우리 안에서 우리가 무엇을 해야 할지 생각나게 하신다고~

성령으로 거듭나지 않고는 우리가 어디서 와서 어디로 가는지를 알 사람은 하나도 없지.

그러니 너가 인류의 스승이라고 하는 이들을 그렇게 찾아 다녔어도 너에게 그 길을 가르쳐 주는 이는 정작 단 한 사람도 없었던 거야. 사람으로서는 절대 알 수 없지.

연필이 자기의 존재 이유를 알 수 없고 종이 한 장이 스스로 자기의 존재 목적을 알 수 없지, 그냥 존재할 뿐…. 근데 그것을 만든 이는 그것들의 존재 이유와 목적을 분명히 알고 있잖아.

인간의 존재 이유와 목적을 알려면 그 분명한 목적을 가지고 인간을 만든 이에게 가서 물어 봐야지, 자신들도 어디서 와서 어디로 가는지도 모르는 이들을 찾아 다닌들 어떻게 그 답을 얻겠어? 죽을 때까지 찾아 다녀도 결코 그 답은 얻을 수 없을 거야."

석가모니를 함부로 비판하는 사람이 없듯이 예수를 비판하는 사람도 찾아보기 힘들다.

예수를 하나님이 보낸 하나님의 아들로 믿지 않는 이들까지도 예수의 가르침을 인용해서 사람들을 가르치고 그러한 삶을 닮아 가자고 한다.

예수를 인류의 스승 중에 한 분으로 생각한다.

그런데 예수는 사람들이 닮아 가야 할 소중한 가르침도

많이 주었지만 그는 참으로 이상한 말을 너무 많이 한다.

무슨 말을 하고 있는지, 어떻게 보면 뭔가에 사로잡혀 있는 정신이상자 같은 말 같기도 하다.

요한복음 6장 38절

내가 하늘에서 내려온 것은 내 뜻을 행하려 함이 아니요. 나를 보내신 이의 뜻을 행하려 함이니라.

51절 나는 하늘에서 내려온 살아 있는 떡이니 사람이 이 떡을 먹으면 영생하리라. 내가 줄 떡은 곧 세상의 생명을 위한 내 살이니라 하시니라.

52절 그러므로 유대인들이 서로 다투어 이르되 이 사람이 어찌 능히 자기 살을 우리에게 주어 먹게 하겠느냐?

53절 예수께서 이르시되 내가 진실로 진실로 너희에게 이르노니 인자의 살을 먹지 아니하고 인자의 피를 마시지 아니하면 너희 속에 생명이 없느니라.

54절 내 살을 먹고 내 피를 마시는 자는 영생을 가졌고 마지막 날에 내가 그를 다시 살리리니

55절 내 살은 참된 양식이요. 내 피는 참된 음료로다.

56절 내 살을 먹고 내 피를 마시는 자는 내 안에 거하고 나도 그의 안에 거하나니

57절 살아계신 아버지께서 나를 보내시매 내가 아버지로 말미암아 사는 것 같이 나를 먹는 그 사람도 나로 말미암아 살리라

예수의 이 말을 편한 말로 바꿔서 써 보겠다.

"나는 하늘로부터 내려온 양식이야. 이 양식을 먹어야 영원히 사는 거야. 내가 줄 양식은 너희가 영원히 살 수 있도록 하기 위한 내 살이란다~"

유대인들이 소란스럽게 말한다.

이 사람이 자기 살을 우리에게 먹게 하겠단다.

예수가 말한다.

진심으로 너희에게 말하는데

"너희가 나의 살을 먹지 않고 내 피를 마시지 않으면 너희는 결단코 영원히 살지 못해!!!"

"내 살을 먹고 내 피를 마시는 자는 이미 영생이 그 속에 있고 마지막 날에 내가 그를 다시 살릴 거야."

"내 살은 참된 양식이고 내 피는 참된 음료란다."

그가 정신이상자가 아니고서야 어떻게 이렇게 뚱딴지같은 말을 할 수 있겠는가? 자기의 살을 먹어야 하고 자기의 피까지 마셔야 한다니….

사람으로서는 도무지 이해할 수 없는 이런 뚱딴지같은 소리를 하니 당시 종교지도자들은 분노하게 된 것이다.

그런데 그가 정신이상자가 아니라면 이건 정말 보통 문제가 아니다. 우린 이 예수의 실체에 대해서 더욱 진지한 탐구를 해야만 한다. 그가 말한 세계는 땅의 세계가 아닌 영원한 세계, 즉 하나님의 세계가 분명하기에 이러한 말을 할 수 있는 것이 아닐까?

이분이 하나님의 아들이 분명하다면 그때부터 우리는 우리 인생 전부를 걸고 그분을 탐구할 수밖에 없는 것이다. 우리가 어디서 와서 어디로 가는지가 분명해졌으니 그 길로만 가야 한다.

그동안 인류의 스승이라고 하는 이들에게 그 길이 있을까 그렇게도 찾고 또 찾아봤지만, 그들은 이것에 대해서만큼 끝끝내 침묵하고 무덤에 앉았다. 그들의 가르침들은 다 그 자신이 생각해서 알아내고 깊은 사색을 통해 찾아낸 지혜를 전하고 있고, 또한 깊은 명상이나 수행을 통해 깨우친 깨달음을 전하고 있다.

그런데 오직 예수만큼은 자기가 생각해서 스스로 한 말이 하나도 없다고 하면서 뭔가 이상한 말을 하고 있는 것이 아닌가?

요한복음 7장 28절

예수께서 성전에서 가르치시며 외쳐 이르시되 너희가 나를 알고 내가 어디서 온 것도 알거니와 내가 스스로 온 것이 아니니라 나를 보내신 이는 참되시니 너희는 그를 알지 못하나

29절 나는 아노니 이는 내가 그에게서 났고 그가 나를 보내셨음이라 하시니

이러한 메시지는 인류의 스승들을 통틀어서 오직 예수를 통해서만 만나볼 수 있는 매우 독특하고 유일한 메시지인 것이 분명하다. 바로 이 부분이 다른 선각자들과는 극명하게 차이가 있는 아주 심상치 않은 그만의 세계다.

이런 걸 보면 둘 중 하나인 게 분명해진다.

이상한 미치광이이든지 아니면 진짜 하나님으로부터 온 구원자이든지.

그런데 미치광이라고 여기기에는 그로부터 나오는 것이 너무도 놀랍다. 그의 깊은 사랑을 보면서 사람들은 그에게 감동을 하고 매료되고 열광을 한다. 또한 그 어떤 지혜롭고 현명한 선생들에게서도 찾아보기 힘든 아주 놀라운 지혜를 볼 수 있다.

요한복음 8장 3절

서기관들과 바리새인들이 음행중에 잡힌 여자를 끌고 와서 가운데 세우고

4절 예수께 말하되 선생이여 이 여자가 간음하다가 현장에서 잡혔나이다

5절 모세는 율법에 이러한 여자를 돌로 치라 명하였거니와 선생은 어떻게 말하겠나이까?

6절 그들이 이렇게 말함은 고발할 조건을 얻고자 하여 예수를 시험함이러라 예수께서 몸을 굽히사 손가락으로 땅에 쓰시니

7절 그들이 묻기를 마지 아니하는지라 이에 일어나 이르시되 너희 중에 죄 없는 자가 먼저 돌로 치라 하시고

이 위대하고 위엄 있는 지혜로운 말을 보라.

"죄 없는 자가 돌로 치라"

그 모든 군중들의 살기 가득한 죽음의 손에 쥐어든 돌멩이들, 여인을 향해서 죽음을 부르고 있는 그들의 피를 부르는 손을 단 한 마디 말로 꽁꽁 묶어 버린다.

솔로몬의 재판같이 기막히게 결판을 내리는 이 예수를 미치광이로 볼 만큼 용기 있는 사람이 과연 있을까?

그것이 아니면 정말 그는 하나님의 아들??

10절 예수께서 일어나사 여자 외에 아무도 없는 것을 보시고 이르시되 여자여 너를 고발하던 그들이 어디 있느냐 너를 정죄한 자가 없느냐?
11절 대답하되 주여 없나이다. 예수께서 이르시되 나도 너를 정죄하지 아니하노니 가서 다시는 죄를 범하지 말라 하시니라

죄를 판단도 하지 않으시고, 또한 죄를 방관하지도 않고 오히려 그 사랑 앞에 무릎 꿇게 만드는 사랑과 지혜가 충만하신 분, 이게 과연 미치광이의 입에서 나올 법한 말인가?

그의 말이 이상하게 들리는 것은 다른 것이 아닌, 그동안 그 누구도 말한 적이 없는 말을 하고 있기 때문이리라.

사람에게서는 들어본 적도 없고 결코 들을 수도 없는 그런 말이기에 이상하게 느껴지는 것이다.

온 세상을 만드신 이가 자기를 보내서 세상에 왔다고 하는 것이고, 자기는 그의 아들이라고 하는 바로 이것 때문이다.

요한복음 8장 23절

예수께서 이르시되 너희는 아래에서 났고 나는 위에서 났으며 너희는 이 세상에 속하였고 나는 이 세상에 속하지 아니 하였느니라

24절 그러므로 내가 너희에게 말하기를 너희가 너희 죄 가운데서 죽으리라 하였노라 너희가 만일 내가 그인 줄 믿지 아니하면 너희 죄 가운데서 죽으리라

25절 그들이 말하되 네가 누구냐? 예수께서 이르시되 나는 처음부터 너희에게 말하여 온 자니라

26절 내가 너희에게 대하여 말하고 판단할 것이 많으나 나를 보내신 이가 참되시매 내가 그에게 들은 그것을 세상에 말하노라 하시되

인공지능 로봇이 서서히 세상을 위협하고 있다. 로봇을 개발한 개발자는 분명한 의도와 용도를 가지고 로봇을 만들었다. 로봇이 목적 없이 그냥 저절로 생겨난 것이 아니라 목적이 있어 만들어진 것이다.

그런데 많은 사람들이 우려하고 있는 것은 로봇이 자기 존재의 목적을 벗어나서 제멋대로 이상한 짓을 할 것이라고 벌써부터 걱정하고 있다. 목적을 가지고 탄생했는데 목적을 잃

어버리고 오히려 자기의 욕망이 목적이 되어 버리면 결국 인간 세상은 로봇에게 점령되고 말 것이다.

그런데 로봇에게도 욕망이 있을까?

아무튼 모르겠다. 분명한 것은 만들어진 목적과 의도를 벗어나서 제멋대로 행동할 가능성은 너무도 충분하다. 이거, 걱정이 아닐 수 없다.

정말 심각한 문제다.

인간은 영을 가진 존재다.

영은 처음부터 영원한 존재인 것이다. 그래서 모든 인간은 반드시 성령의 생명으로 다시 태어나짐을 받아야 영생한다.

우린 반드시 영생을 얻어야 한다.

그 영생을 얻는 것이 인간 몸을 입은 모든 인간에게 가장 중요한 문제이다. 이렇게 성령을 받으면 육체의 남은 시간여행을 어떻게 보내야 할지가 너무도 선명해진다. 그 길을 알고 그 길 한 가운데 똑바로 서서 오늘을 살아가자.

육의 세계는 성령의 세계를 표현하고 나타내는 통로로서 존재하는 것이어야 한다. 그 거룩함의 세계가 그의 육체에게 부어지는 것이다. 그 신의 생명의 세계가 육체에게 부어져서 이 땅을 사는 것만이 인생의 유일한 길이다. 다른 길은 없다.

이 길로 들어서라.

그런데 어둠을 쫓는 이들은 그 빛이 싫어서 어둠을 쫓아 헤메인다. 돈을 쫓고, 자기만족을 쫓고, 스스로에게서 빛나는 세계를 보려고 한다. 안전하고 복된 그 어떤 길도 없는데 여전히 찾아 헤매인다. 이 헤매임을 방황이라고 한다.

어제도 방황, 오늘도 방황, 내일도 방황.

죽을 때까지 방황만 하다가 끝이 난다.

예수를 믿는다고 하면서 교회에 출석하고 있는 수많은 신자들, 이제 자신에게 좀 솔직해지자.

지금껏 방황하고 있었다고~

방황하고 있는 것이 맞는데 왜 스스로 괜찮은 것처럼, 그래도 쓸 만한 믿음인 것처럼, 일요일이면 교회에 나가 웃는 낯으로 사람들과 악수하며 인사를 나누고 한 시간의 시간을 하나님께 드린다고 앉아 있다가 다시 사람들과 인사하고 다시 세상으로 돌아간다.

이제 좀 솔직해지자.

나에게서 믿음을 찾아볼 수 없다고~

나에겐 겨자씨만한 믿음도 없다고~

나는 땅의 생명으로 땅의 세계를 살고 있다고~

나의 인생에서 예수 생명을 볼 수 없다고~

난 예수 생명을 흉내 내고 있는 그냥 나였을 뿐이라고~

아니, 예수와 아무 상관도 없이 나의 인생만을 살고 있노라고~

요한복음 9장 41절

예수께서 이르시되 너희가 맹인이 되었더라면 죄가 없으려니와 본다고 하니 너희 죄가 그대로 있느니라

이 솔직한 고백을 하기 시작하는 이에게는 한 줄기의 새 빛이 비춰질 것이다.

그에게는 적어도 희미하게나마 길이 보일 것이다.

자고 일어나고 먹고 숨 쉬며 살아가야 하는 이유가 살며시 그대의 손을 잡아줄 것이다.

예수와 같이 고귀하고 아름다우며 사랑이 많은 자로서 땅 가운데서의 인생의 길을 한발 한발 내딛게 되면서도 세상이라는 그 세계에 갇히지도 않고, 세상에 얽매이지도 않으며, 세상에서 무엇을 얻으려고 기웃기웃 거리지도 않게 되는 새 길이 보이기 시작할 것이다.

그대의 인생은 세상을 다스리며 세상을 아름답게 하며 세상을 빛으로 세우며 세상을 구원하는 길을 가게 될 것이다.

이것이 인생의 존재 이유이며 목적인 것이다.

그의 인생만이 영원과 연결이 되어 그에게는 영원한 세계가 있는 것이다.

요한복음 8장

44 너희는 너희 아비 마귀에게서 났으니 너희 아비의 욕심대로 너희도 행하고자 하느니라 그는 처음부터 살인한 자요 진리가 그 속에 없으므로 진리에 서지 못하고 거짓을 말할 때마다 제 것으로 말하나니 이는 그가 거짓말쟁이요 거짓의 아비가 되었음이라

45 내가 진리를 말하므로 너희가 나를 믿지 아니하는 도다

46 너희 중에 누가 나를 죄로 책잡겠느냐 내가 진리를 말하는데도 어찌하여 나를 믿지 아니하느냐

47 하나님께 속한 자는 하나님의 말씀을 듣나니 너희가 듣지 아니함은 하나님께 속하지 아니하였음이로다

51 진실로 진실로 너희에게 이르노니 사람이 내 말을 지키면 영원히 죽음을 보지 아니하리라

07

혼의 세계와 육의 세계 그리고 영

1

사람은 어머니 태 속에서 육체가 만들어지면서 육체를 관장하는 주인 역할을 하는 혼이 함께 만들어지게 된다.

인간의 뇌가 눈으로 보고, 귀로 듣고, 모든 감각기관을 통해 입력된 것을 기억하고 조합한다면, 인간의 혼은 기억하고 조합하는 뇌를 제어하고 그 뇌 작용을 판단도 하고 늘 지켜보면서 수많은 생각의 세계를 열어가고 통찰하게 된다.

단순한 생각을 판단하고, 그 생각을 더 창의적인 아이디어로 활용해 새로운 것을 만들어내는 등 내 안에서 일어나는 모든 일들은 뇌라는 세포 덩어리 자체가 하는 것이 아니라 내 몸과 함께 있는 혼의 영역에서 일어나는 것이다.

그런데 포스트모던 시대를 살아가는 지금의 세계관은 인간을 단순 물질로만 보려고 한다.

뇌과학이 발달하면서 뇌의 무한한 능력과 뇌를 통해 일어나는 수많은 감각 활동을 관찰하면서 인간 세계는 이 작은 뇌를 통해서 만들어낸 뇌 작용일 뿐이라고 주장한다.

의식이 물질을 정의하는 것이 아니라 물질이 의식을 정의하며, 이 세상의 모든 것은 물질에서 비롯된다는 것이다.

그 물질을 만들어낸 신은 부정하면서 오직 물질만이 스스로 존재하며 그 물질이 스스로 화학반응을 일으키며 놀라운 뇌의 무한세계를 열어간다는 것이다.

풀 한 포기, 벌레 한 마리가 어떻게 생겨났는지, 우주의 수많은 별과 질서있게 움직이며 존재하는 이 불가사의한 자연의 일들이 죄다 우연히 저절로 이루어졌다는 것을 주장하는 것은 창조자가 있음을 믿는 것보다 수백 배나 큰 믿음이 있어야 하지 않을까?

현대과학을 통한 믿음이란 게 이렇게 증명도 안 된 모든 것들을 우연으로 규정해 버렸다. 그것을 과학이라고 주장한다.

"차라리 과학이 아니라 우리는 우연설을 믿어." 이렇게 말한다면 정직하기라도 할 텐데 말이다. 그 물질이 어디로부터 나왔는지는 알 수 없으니 저절로 생겨났다고 주장하는 것이다.

정신세계나 마음의 세계나 자신을 관찰도 하고, 판단도 하고, 탐구도 하는 그 내면의 어떤 세계는 모두가 뇌로부터 일어나는 세포작용일 뿐이라고 규정한다. 이것 역시 근거도 없고 증명도 되지 않았는데 일단 무조건 믿고 보는 것이다. 그러면서 과학이라고 한다. 그러나 과학자들 중에도 창조자를 믿는 이들도 다분히 있는 것으로 알고 있다. 그들은 과학을 연구하면 할수록 신을 인정할 수밖에 없다는 것이다.

반면에 불교나 범신론을 믿는 이들은 인간을 창조한 유일신은 믿지 않지만, 인간은 물질 이전의 어떤 뭔가가 있다는 것을 믿는다. 그것을 신으로 여기는 것이다.

그러나 성경에서는 하나님이 사람을 창조하셨고, 그 사람에게 하나님의 이미지를 불어 넣어 놓으셨다는 것이다.

그것이 혼의 영역이다.

창세기 2장 7절

하나님께서 땅의 흙으로 사람을 지으시고 생명의 숨을 그 코에 불어넣으시니 사람이 살아있는 혼이 되니라

나는 동물에게도 혼은 있고, 식물에도 혼은 있다고 생각한다. 하지만 사람에게는 그들과는 완전히 다른 신의 형상으로 신의 호흡을 불어넣은 인간에게만 있는 또 다른 세계가 인간 혼의 세계라 생각한다. 하나님이 인간에게 불어 넣은 하나

님의 형상, 즉 하나님의 이미지로 나타난 혼의 영역, 혼의 세계, 혼의 능력, 혼의 역할을 가지고 불교나 힌두교나 마음훈련을 하는 이들은 그것을 진아(眞我), 순수의식, 근원, 주시자, 관찰자, 신 등으로 표현하는 것 같다.

사람의 혼이 너무도 특별하다 보니 정신세계를 공부한 이들이 볼 때 그것이 신처럼도 보여지는 것 같다.

켄 윌버의 무경계라는 책에서 가져왔다.

나는 몸을 가지고 있다. 하지만 나는 나의 몸이 아니다. 나는 몸을 보고 느낄 수 있다.

보여지고 느껴질 수 있는 것은 진정한 보는 자가 아니다. 내 몸은 피곤하거나 흥분하기도 하고, 아프거나 건강하기도 하고, 무겁거나 가볍기도 하지만 그런 것은 내면의 나와는 아무 상관이 없다. 나는 이런 저런 욕망을 가지고 있다. 하지만 나는 나의 욕망이 아니다. 나는 감정을 가지고 있다. 하지만 나는 나의 감정이 아니다. 나는 생각을 가지고 있다. 하지만 나는 나의 생각이 아니다. 생각들은 나에게 오고 나에게서 떠나가지만 그것들은 내면의 나에게 영향을 미치지 않는다.

나는 그 뒤에 남아 있는 순수한 자각의 중심이며 모든 생각, 감정, 느낌, 욕구에 대한 부동의 주시자이다.

이 주시하는 중심의 발견은 폭풍우 치는 바다 표면 위의 파도로부터 고요하고 안전한 해저의 심연으로 잠수하는 것과 흡사하다. 우리는 모든 정신적, 감정적, 육체적인 대상과 탈동일시함으로써, 즉 그 모든 것을 초월함으로써 이 초개아적 주시자를 발견하게 된다.

예컨대 실제로 "내 불안은 내가 아니다"라는 깨달음이 강해질수록 그 불안에 위협당하지 않게 될 것이다.

불안이 사라져가는 것을 단지 보고 있기 때문에 나는 불안이 존재하든 안 하든 잃을 것도 없고 얻을 것도 없다.

이와 같이 자신을 혼란시키는 감정이나 생각, 기억, 경험이란 모두 자신이 배타적으로 동일시해왔던 것에 불과하다.

그렇다면 그런 혼란의 궁극적인 해소는 단순히 그것들로부터의 탈동일시일 것이다.

그것들이 자신이 아니라는 점을 깨닫게 되면 그 모든 것은 말끔히 떨어져 나갈 것이다. 그것들은 보이는 대상이기 때문에 진정한 보는 자, 진정한 주체일 수 없다. 그것들이 '진정한 나'가 아니라면 그것들에 동일시하거나 매달리거나 자기 자신을 속박해야 할 아무런 이유도 존재하지 않는다.

사적인 나 – 나의 소망, 희망, 욕구, 상처 등등에게 무슨 일이 일어나든 그건 생사가 달린 심각한 문제가 아님을 깨닫기 시작한다는 것이다. 그것은 주변의 엄청난 동요이긴 하지만 '진정한 나'는 실체 없이 소란을 피우는 표면의 파도가 범접하지 못하는 심층에 있기 때문이다.

이렇게 이 책의 저자도 '나'라는 주체를 초개아적 주시자라고 말하고 있다.

무아(無我)사상을 주장하는 이들의 입장은 무아는 '나'라는 존재 자체가 없다는 것, 그러기에 '진아'도 없다고 주장한다.

또 다른 쪽에서는 개체로서 자아는 없지만 진정한 나는 전체로서의 나라는 것이기에 '진아'는 있다고 주장한다.

'진아'를 말하는 이들의 입장은 개체가 아닌 전체로서의 나를 진정한 나라고 보는 입장이다. 즉 우주, 순수의식, 주시자, 근원의식, 본성, 신, 하나님 등으로 표현하는 그것이 '진아(진정한 나)'라는 것이다. '진아'를 우주라고도 하고, 그것을 순수의식이라고도 하고, 근원의식, 본성, 그것을 또 신이라고 생각하는 것이다.

곧 그들의 주장은 진아가 신이고, 신이 곧 진아인 것이다. 그리고 진아가 진정한 나 곧 내가 신이라는 것. 무아든, 진아든 둘 다 개체로서의 나는 없다는 것이고 그러기 때문에 지금 괴로워하고, 두려워하고, 불안해하고, 욕망이 불처럼 일어나는 그런 것들은 '진정한 나'가 아니기에 그런 것들에 묶여 더 이상 갇혀 있는 인생을 살지 말고 그 고통으로부터 벗어나라고 한다. 어떤 이들은 성경의 그 신이 바로 그 주시자이며, 순수의식이며 그것이 성령이라고 하며 성경이나 불경이나 마음공부 하는 것이나 매한가지로 보는 이들이 있다.

그래서 결국 종교는 다 같은 것이라고 주장한다.

그러나 저들이 말하는 신은 인격이 없다. 신으로서 아무런 메시지도 없고 어떠한 계명을 주거나, 스스로가 창조를 했다고 하거나, 자기의 뜻을 나타내거나, 주장을 하거나 하는 분명한 자신의 의지가 없다. 그러기에 그들이 말하는 진아는 창조자 신이 아니라 우주에 깃들어진 하나님의 피조세계의 신성을 경험하는 가운데 그 혼이 가진 어떤 힘을 느끼면서 그것을 신이라고 생각한 것뿐이다.

그래서 기독교는 그 주장을 당연히 반대한다.

하나님의 신은 온 세상의 조물주이며 그분에 의해 내가 창조되었다고 믿으며 분명한 대상자로서 신을 믿는 것이지, 그 신이 바로 나 자신이라고 하는 것은 결코 용납할 수 없다.

결코 나는 온 세상의 창조자일 수 없고, 나는 그분에 의해서만이 존재하는 인간일 뿐이라고 믿고 있기에 그들이 말하는 진아를 그 신으로 인정할 수 없는 것이다.

기독교에서는 신과 인간은 분명히 구분되어 있다.

이렇게 신과 인간 사이에 구분이 분명하고 인격적 두 존재가 서로 자기의 의지를 가지고 있다.

신은 신으로서 자기 의지를 가지고 있고, 인간은 인간으로서 자기의 의지를 가지고 있다.

그 의지로 신을 따르고, 신을 섬기고, 신께 예배하며 그 신의 계명을 지키면서 순종하는 인생을 살아야 한다고 한다.

2

그런데 문제가 생겼다.

새 생명의 존재에 대해 혼란이 생긴 것이다.

거듭난 새 생명의 존재는 성령으로 태어난 존재인데 여전히 인간인 내가 하나님을 대상자로만 생각하고 하나님은 신이고 나는 인간, 이렇게 이분법적 관계로만 생각하고 있는 것이다.

거듭난 생명이 어떤 생명을 말하는지를 잘 이해하지 못하는 데서 오는 오해가 하나님과 나와의 관계를 이분법적으로 이해했던 것이다. 현실세계는 고통이고, 불안이고, 두려움이지만 죽고 나서 가는 곳은 고통도 없고 두려움도 없는 안전한 나라, 영원한 나라. 이렇게 이원론적 세계관으로 기독교 사상이 자리를 잡게 된 것이다. 그러나 이 사상은 성경에 반하는 사상이다.

교회가 하나님의 뜻을 잘못 이해하고 있는 것이다.

성경의 가르침은 이원론적 세계관이 아니다.

하늘과 땅을 분리시키지 않는다.

현세와 내세를 분리시키지 않는다.

플라톤이 말하는 이데아의 세계와 현실세계의 이원론적 세계관과 기독교 사상이 닮아있다고 하나 성경은 그것과는 전혀 다른 세계를 말하고 있다.

성경에서 말하는 복음은 하나님의 나라가 이 땅에 이루어지는 것을 말하고 있다. 물론 성경이 말하는 하나님의 나라는 인간의 욕망으로 바라보는, 인간의 욕구를 충족시켜주는 인간의 파라다이스를 말하는 것이 아니다. 말 그대로 하나님의 뜻이 이 땅에 이루어지는 것이다.

예수님이 가르쳐주신 기도를 보자.

마태복음 6장 10절

나라가 임하시오며 뜻이 하늘에서 이루어진 것 같이 땅에서도 이루어지이다 이렇게 하나님의 나라가 이 땅에 임하도록 기도하는 것이다. 땅도 하나님의 나라가 되는 것이다.

하나님의 뜻이 하늘에 머물러 있는 것이 아니라 땅에 이루어지는 것이다. 하나님의 나라는 죽어서 가는 곳으로만 이해해서는 안 된다. 하나님의 나라가 지금 여기에 이루어져야만 하는 것이다. 하나님께서 이 땅을 만드신 것은 그리스도의 몸인 교회, 즉 그리스도인이 하나님의 나라가 되는 것이다.

누가복음 17장 21절

또 여기 있다 저기 있다고도 못하리니 하나님의 나라는 너희 안에 있느니라

하나님의 나라는 지금 내 안에 있어야 하는 것이다. 이렇듯 성경은 하나님과 인간을 분리시켜서 생명을 말하지 않는다. 지금 믿음의 자녀 안에 하나님이 계시는 것이고, 하나님이 계신 그곳이 바로 하나님의 나라인 것이다.

하나님의 나라가 임하지 않은 그리스도인은 존재하지 않으며, 그리스도인은 땅의 나라를 사는 자들이 아니라 하나님의 나라를 사는 자들이다.

요한복음 17장 21절

아버지여, 아버지께서 내 안에, 내가 아버지 안에 있는 것 같이 그들도 다 하나가 되어 우리 안에 있게 하사 세상으로 아버지께서 나를 보내신 것을 믿게 하옵소서

믿음의 자녀들은 아버지와 그리스도와 우리가 다 하나가 되어 있는 것이다. 바로 그들에게 영원한 하나님의 나라가 있는 것이다.

죽어서 그 나라에 들어가는 것이 아니라, 지금 그 나라가 우리 안에 있는 것이고 그들에게 영원한 아버지 나라가 있는 것이다.

이것이 성령으로 거듭난 새 피조물의 세계이다.

하나님과 나를 분리시켜서 생명을 이해하는 이분법적 믿음관은 성경이 말하는 믿음의 세계가 아닌 것이다.

3

그런데 이 믿음의 세계를 이렇게 땅에 속한 인간 자아에다 성령을 입혀서 새 생명이라고 생각하는 이것을 믿음이라고 붙잡고 있으니 무아나 진아사상보다 한참이나 힘이 없을 수

밖에 없는 것이다.

진아사상을 진리라고 생각하는 그들은 육적 자아가 진정한 나가 아니고 진정한 나는 태어남도 없고 죽음도 없고 영원하며, 우주 자체며, 아픔도 없고 슬픔도 없으며, 항상 고요하고 아름다우며, 그 존재가 곧 나라고 본다.

그렇기 때문에 그들의 혼은 더 이상 육적세계에 휘말려서 불안과 두려움과 괴로움에 붙잡혀 사는 그런 삶을 살지 않게 된다는 것, 그들은 그 혼의 세계가 육체의 작용을 무력하게 하며 평온한 마음 상태를 유지할 수 있다는 것이다.

사실 인간 혼의 세계는 그것을 충분히 하고도 남을 능력을 가지고 있다. 하나님이 처음부터 인간에게 만큼은 하나님의 형상을 입혀 놓으셨기 때문이다.

그래서 혼을 잘 훈련시키는 것을 도를 닦는다고 하는 것이요, 도를 잘 닦으면 세상적인 모든 문제들을 초월하는 초월적 능력자로 살 수 있는 것이다.

그것을 해탈이라고 한다.

그들은 인간들에게 내재되어 있는 그 무한 능력의 세계인 혼의 세계를 알아차리면서 그 에너지 작용을 신으로 보았던 것이다. 그러면서 그들은 스스로 신존재자로 세상을 살아가게 되는 것이다.

그러기에 "너 자신이 신이야" 하는 것이다.

이것을 깨달으면 더 이상 세상에 얽매어 슬프고 괴로운 삶의 굴레에 갇혀 살지 않게 된다는 것. 그 세계를 벗어나 진정한 자유를 얻게 된다는 것.

내가 볼 때 지금의 기독교의 신앙관은 이러한 진아사상이나 무아사상보다 훨씬 힘이 없다고 생각한다.

"진리를 알지니 진리가 너희를 자유케 하리라." 이렇게 말씀하고 있는데 이들은 자신 안에 진리가 있다고 하면서 왜 그렇게 자유하지 못할까?

그들은 오만가지의 걱정거리들을 다 끌어안고 날마다 그 걱정 보따리를 풀어놓고 하나님한테 하소연한다.

교인들의 특징 가운데 매일 매일 규칙적으로 기도하는 분들의 기도습관이 있는데 일 년이고 십 년이고 똑같은 제목의 기도를 계속 반복하여 기도한다는 것이다. 기도는 하나님과 주고받는 대화인데 자기 기도 제목을 무한 반복하여 요구하는 것을 기도라고 생각하는 이들이 많다. 이건 참 우스운 일인 것이다.

자녀를 위해서 기도한다고 이렇게 기도한다.

공부 잘하게 해주세요.

착하게 잘 자라게 해주세요.

건강하게 해주세요.

예수 잘 믿게 해주세요.

십 년씩 이십 년씩 아니 평생을 똑같은 기도를 반복한다.

새 생명의 세계를 모르니 이렇게 종교생활이 일어나는 것이다. 성경 어디에서 이런 기도 제목을 본 적 있는가?

자녀가 공부 잘하기를 바란다면 집안 분위기를 만들어 주어야 한다. 부모가 공부하는 모습을 어려서부터 보여주고 마음을 평안하게 해주면서 공부를 잘할 수 있는 환경을 만들어 주어야 한다. 공부 잘하게 해달라고 하나님께 기도하는 거 이상하다고 생각하지 않나?

착하게 잘 자라게 해주세요.

이런 걸 하나님께 기도하는 것이 이상하지 않나?

아이에게 사랑을 심고 인격적으로 존중해 주고 하나님의 말씀을 인격적으로 잘 받아들일 수 있도록 부모가 그런 삶을 실천하면 자연스럽게 배우게 되는 것이다. 기도를 아무리 열심히 한다 해도 환경을 만들어 주지 않는다면 그런 삶을 기대하기란 어려운 것이며 기도를 하지 않아도 환경을 잘 갖춰주면 그렇게 자라나게 되는 것이다.

건강하게 해주세요~

왜 이런 기도를 하는가?

건강한 식사 잘 챙겨주고, 잠자는 습관 잘 들여주고, 함께 운동도 꾸준히 해주고, 늘 마음을 행복하게 해주면 건강하게 자라게 된다. 이미 주신 복들을 우린 누리는 것이다.

자연원리이다.

매일 이른 아침에 일어나 오늘도 태양이 떠오르게 해주세요. 이렇게 기도하는 사람은 없을 것이다.

이미 우리에게 부어주신 세계, 그가 받은 단어, 그가 받은 세계가 그를 통해 나타나는 것이지 기도하면 그게 이루어지는 것이 아니다. 자연현상인 것이다.

자연현상을 거슬러서 일어나는 것은 아주 특별한 상황 외에는 그런 일은 없다. 우리의 자녀들은 받아먹은 대로 그의 삶이 나타나는 것이다. 자녀가 받은 것대로 그의 삶이 되는 것이다.

나는 청소년 사역을 하면서 목사의 자녀들을 많이 만났다.

그들 대부분이 정서적으로 문제가 많이 있었고 반항, 분노, 억울함, 불신 등 가슴 아픈 사연들이 많았었다.

그 부모들은 날마다 자녀를 위해 기도했을 텐데 말이다.

자녀교육 문제, 자녀건강 문제, 자녀의 미래…

받은 대로 나타나게 되어 있는 것이다.

말씀 앞에 순종하면서 땅의 세상을 살아가면 이 모든 것들은 자연히 따라오는 것들이다. 우리에게 그 믿음이 중요하지 날마다 똑같은 기도의 반복이 무슨 힘이 있을까? 물론 날마다 그렇게 하는 것이 마인드 컨트롤이 되어 어떤 힘을 줄 수는 있을 것이다.

모든 기도 제목들이 이러한 제목들로 가득하다.

믿음이 분명하다면 이미 그는 세상의 통치자요, 세상을 다스리는 자요, 하나님의 아들의 권세를 가진 자이며 부족함이 없이 이미 다 가진 자가 아니던가?

그가 속한 곳이 이미 하나님의 나라가 아니던가?

무엇이 모자라서 그렇게 기도하는 내용들이 부족함 투성이의 간구들이란 말인가?

마 6장 33절

너희는 먼저 그의 나라와 그의 의를 구하라 그리하면 이 모든 것을 너희에게 더하시리라

요한복음 8장 31~32절

너희가 내 말에 거하면 참으로 내 제자가 되고 진리를 알지니 진리가 너희를 자유롭게 하리라

4

정작 진아를 믿는 사람들은 진아만 바라보면서 육체적인 인간의 집착들을 떨어버림으로 그 모든 두려움과 고통으로부터 자유로울 수 있다고 하는데, 이들의 세계와 비교할 때 오히려 더 힘이 없다. 스스로가 하나님을 믿는다고는 하나 여전히 땅의 세계에 갇혀서 자유가 없다.

그들은 인생이란 굴레에 갇혀 늘 두렵고 불안해서 하나님만 쳐다보면서 뭔가 하나님의 특별한 섭리를 기다리며 기도한다. 내 인생을 잘 붙들어 주셔서 힘든 일을 당하지 않고 평탄하게 살 수 있게 해주세요 하며 하나님께 기도한다. 아직 힘든 일도 일어나지 않았는데 날마다 기도한다. 힘든 일 만나지 않게 해달라고~

그렇게 날마다 기도하면 어려운 일들이 다 비켜 가는가?

절대 그렇지 않다.

우리의 인생 가운데 늘 평탄한 일만은 일어나지 않는다. 세상살이란 어차피 이런 일 저런 일 다 만나게 되어 있다. 그게 세상이다. 의미 없는 기도를 왜 매일같이 그렇게 하고 있는지~

어떤 상황을 만나든 오직 믿음으로 그 모든 것을 다스리고 정복해 가는 것이 우리가 이 땅에서 배워야 할 일이다. 어떤 어려운 일을 만날 때마다 오직 믿음, 오직 그 생명, 오직 그 나라, 그 믿음 붙잡고 승리하기를 기도해야 하는 것이다.

요한복음 16장 33절

이것을 너희에게 이르는 것은 너희로 내 안에서 평안을 누리게 하려 함이라 세상에서는 너희가 환난을 당하나 담대하라 내가 세상을 이기었노라

그들이 바라면서 기도하는 것들의 대부분이 육체가 원하는 것을 해결하길 원하는 자기 욕망충족의 제목들이다.

믿음의 세계란 인간 욕망 너머에 있는 오직 믿음만 있는 것, 다시 말해 성령만 있는 세계인데 그 믿음의 세계에서 그 존재는 과연 무엇을 기도하게 될까?

믿음 안에 있으면 그 자리가 천국이요, 그 자리가 완전이며 이미 자유인데 그 자리에서 인간 욕망을 붙들고 자유케 해달라고 부르짖는다? 이것은 오히려 믿음을 넘어뜨리려는 사탄의 유혹일 뿐이다. 믿음이란 이미 천국이며, 이미 완전이며, 이미 자유이다.

그것을 믿는 것이 믿음인 것이다.

하나님의 완전을 믿는 것.

그런데 자기 욕망을 하나님한테 해결해 달라고 구하고 또 남의 욕망을 대신해서 또 열심히 구해 주는 것을 믿음이 좋은 사람이라 생각한다. 왜냐면 기도를 열심히 하니까?

자기의 모든 문제를 항상 하나님께 도와달라고 요청하니까?

그것을 믿음이 좋은 것으로 착각을 한다.

그렇다면 예수님은 왜 풍랑을 만나 두려워 떨면서 도와 달라고 소리치는 제자들을 꾸짖고 계시는 것일까? 오히려 간청하는 그들의 간구를 믿음이 훌륭하다고 하지 않으시고…. 그들의 간구는 믿음 없음이 만들어낸 믿음 없음의 힘이요, 하나님을 믿지 못하는 의심의 작품이다.

그런데 현대교회는 그러한 인간들의 믿음 없음의 열매인 두려움이나 불안, 염려들을 늘 붙들고 날마다 빼놓지 않고 하나님을 소리쳐 부르는 자들에게 믿음이 훌륭하다고 한다.

예수님은 소리쳐 부르며 간청하는 베드로를 향해 믿음이 작은 자라고 하시는데….

제자들이 만난 풍랑은 코로나보다 몇 배는 두려운 상황이다. 그런데 교회들은 코로나 없애달라고 몇 년째 날마다 기도를 드린다. 그 기도를 거부하시는 하나님과 끝까지 매달리는 교회의 줄다리기를 우리는 얼마나 더 지켜봐야 할까?

하나님이 이겼을까, 사람이 이겼을까?

교회들의 끈질긴 기도에 하나님이 결국 두 손 들으신 걸까? 아니면 코로나를 붙들고 몇 년은 더 부르짖도록 하고 계시는 것일까?

마태복음 8장 25~26절

그 제자들이 나아와 깨우며 이르되 주여 구원하소서 우리가 죽겠나이다

예수께서 이르시되 어찌하여 무서워하느냐 믿음이 작은 자들아 하시고 곧 일어나사 바람과 바다를 꾸짖으시니 아주 잔잔하게 되거늘

성령 안에 있는 믿음의 기도는 육적인 세계를 타고 들어오는 불안과 염려와 자기사랑의 유혹들을 오히려 물리치는 기도를 하게 된다. 믿음의 세계는 눈에 보이는 육의 세계가 아닌 결핍이 전혀 없는 완전의 세계이다.

이미 완전이고, 이미 이김이고, 이미 자유인데 사탄은 우리의 육감을 타고 들어와 불안이라고 속삭인다.

주님이 다 이루어 놓으셨는데 아직 모자라고 부족하고 결

핍이 있다고 속이는 것이다. 그 속임수에 넘어가 아무 문제가 없는데도 문제가 있다고 착각하며 그것을 해결해 달라고 기도하는 것은 새 생명의 기도가 아닌 육적인 기도들이다.

이것을 보면 그들에게는 진리가 없는 게 분명하다.

진리를 알면 진리가 너희를 자유케 하리라 했는데 진리가 그 속에 없으니 자유를 달라고 부르짖는 것 아닌가?

진아사상은 스스로가 진리를 가졌기에 세상의 굴레에 갇힐 수 없고 늘 자유할 수밖에 없다고 한다. 실제로 그들은 문제를 해결해 달라고 기도하는 것이 아니라, 마음을 비우고 수련을 통해 어떤 상황에도 아무 문제가 없음을 경험하며 살아가는 자들이다.

석가가 그러한 비밀을 깨달은 것이다.

그리스도인이라고 하는 수많은 사람들은 왜 이러한 고백이 나오지 않은 걸까?

"우리는 진리를 가졌기에 세상의 굴레에 갇힐 수 없어~"

"코로나가 아니라 그 어떠한 환란이 와도 자유할 수밖에 없는 성령을 가진 자들이야."

이렇게 어떤 상황에서도 자유할 수밖에 없다고 하는 이런 고백 말이다.

그러나 참으로 신기한 것은 석가의 사상은 분명 그러한데 그를 따르는 종교성을 가진 이들 역시 무상한 것이라고 하는 그러한 것들을 붙들고 또다시 집착하여 그것을 해결해 달라고 비나이다를 한다. 불교 역시 이렇게 방황하고 있는 것이 사실이다.

그리스도인들은 "나는 죽었습니다. 내 안에 오직 예수만이 삽니다. 나는 성령으로 거듭났습니다. 나는 새 생명입니다." 이렇게 고백하면서도 실제는 여전히 육적 자아의 세계 안에서 자기 자신이 주체자가 되어 주여~ 주여~ 하며 주를 부르고 있다. 그리스도를 믿는 믿음의 세계라고 하지만 여전히 혼돈이다.

누가복음 18장 8절

인자가 올 때에 세상에서 믿음을 보겠느냐 하시니라

"나는 새 생명입니다."

이런 고백도 할 겨를도 없이 그저 교회만 다니면서 열심히 세상을 살아가고 있는 이들이 더욱 많을 것이다. 그러면서 '나는 예수 믿고 있으니 죽으면 천국간다'라고 생각한다.

어쩌다가 이런 이상스런 교리가 들어와 사람들을 사망으로 끌고 가는 힘을 발휘하게 되었는지….

자신들의 존재 인식을 육적인 자기를 자기로 인식하며 여전히 육적자아의 자기로 하나님을 찾고 있고, 그 육적자아로 하나님을 위해 살아가려고 애를 쓰며, 그 육적자아로 그리스도를 닮아 가려고 하고, 육적자아를 위해 하나님을 필요로 하여 하나님을 부르기도 하면서 이것을 믿음이라고 생각하는 이 심각한 오류가 성경의 하나님을 크게 오해하게 만든 것이다.

진아의 세계, 무아의 세계를 가지고 있는 사람들이 보면 참 한심할 수밖에 없다. (이것은 불교의 그 가르침을 온전히 붙들고 있는 것을 중심으로 현 기독교의 대부분의 신앙인들을 비교한 것임) 왜냐하면 진아를 믿는 그들은 자기의 육적자아를 자기로 인식하지 않고 진정한 나를 자기로 인식하기에 육의 세계는 풍랑이 일어도 그 마음은 고요하다는 것이다.

이게 바로 예수님이 보여주신 믿음의 세계를 많이 닮아 있다고 생각하지 않나?

이들은 예수님처럼 육의 세계에 갇히지 않고 자유자로 살 수 있는 길을 제시하고 있기에 그들이 지금의 교회들을 보면 한심하게 보이는 것이다.

5

성경에서 전하는 복음이란 현대 교회가 가지고 있는 믿음관보다 오히려 무아나 진아사상 쪽에 더 가깝다고 말할 수 있다. 무아나 진아사상이 성경이 말하는 생명의 원리를 닮아 있다는 것이지 무아나 진아사상이 성경이 말하는 복음과 같은 것이라는 것은 아니다. 무아나 진아사상은 성경과는 완벽하게 다른 것임을 강조하고 싶다.

성경은 무아를 말하지 않는다.

성경은 진아도 말하지 않는다.

다만 하나님은 하나님으로 한 존재자로 계시고 인간인 나도 한 존재로 있다. 창조자와 피조물이 정확하게 구분이 되며, 그 창조자에 의해서 존재하니 스스로 존재하는 것이 아니기에 인간은 인간으로 그 자리가 있는 것이다.

그런데 성경의 하나님의 복음은

이제 내가 너에게 들어가 너와 하나가 될게~

내가 너와 하나가 되는 길을 알려줄게~

내가 너와 연합되는 길을 알려줄게~

너가 나의 능력, 나의 부, 나의 평안, 나의 영원으로 살 수 있는 길을 알려줄게~

그 어디에서나, 그 어떤 상황에서나, 어떤 순간에도 자유할 수 있는 하나님과 연합된 세계, 그러므로 늘 자유할 수 있는 그 나라의 세계 성경은 오직 이것만이 믿음이라고, 이 길을 전하고 있는 것이다. 성경이 말하는 복음은 지금의 기독교가 신앙하는 믿음관보다는 무아나 진아사상이 오히려 더 닮아있다고 본다.

그렇지만 그리스도의 복음은 결코 무아도 아니고 진아도 아니다. 그것들은 온 우주만큼 광활한 인간 혼의 세계를 관찰하다가 그 혼의 무한 능력을 나름 깨달은 것이지 그 존재는 결코 근원도 아니며 신도 아니다.

하나님의 형상으로 지어진 혼의 세계일 뿐이다. 우주만큼 광활한 인간 혼의 세계를 보면서 모든 것들의 근원, 또한 그것을 신이라고 보았을 뿐 결코 인간 혼은 하나님의 형상 따라 지어진 하나님의 작품일 뿐이다.

창세기 2장 7절

하나님께서 땅의 흙으로 사람을 지으시고 생명의 숨을 그의 콧구멍에 불어 넣으시니 사람이 살아있는 혼이 되니라

성경에서 말하는 것은 개체로서의 '나' 존재가 분명히 존재하고 개체로서의 '하나님', 즉 창조자가 분명히 존재한다.

창조자는 창조자로 분명히 한 인격적 존재로 존재하고 나

는 그분에 의해서 지어진 피조물로서 분명하게 존재한다.

그런데 신비롭게도 하나님의 성령으로 하나가 되는 원리이다. 신비롭게도 나도 있고 하나님도 있는데 나 따로 하나님 따로 존재하는 이원론적 하나됨이 아니라 오직 하나님만 나타나는 한 존재만 있는 것이다.

이때 새 생명의 탄생이 일어나는데 그 생명은 영적 존재인 것이다. 하나님은 분명히 살아계시는데 그 어디에 계시는 것이 아니라 바로 그 믿음으로 영접한 그에게 계신 것이다.

우리의 인체로 예를 든다면 나라는 한 존재가 있는데 팔도 있고, 다리도 있고 더 들어가면 수많은 세포들이 있다. 전체가 나이지만 각 세포도 스스로의 의지를 가지고 자기 할 일을 하는 것이 사실이다. 뇌의 지시를 받으며 살아 움직이지만 또한 스스로의 의지로 그것을 수행하고 있다.

그렇지만 생명은 오직 한 사람만 존재한다.

생명은 분명히 하나인데 각 세포는 세포대로 자기 의지가 분명히 존재한다. 자기의 의지를 가지고 뇌의 지시를 따르는 것이다.

어떤 세포는 뇌의 지시를 거부하고 오히려 뇌를 공격하는 세포도 있다. 머리와 연합되지 않고 그 몸을 죽음으로 끌고 가는 반역 세포도 생겨나는 것이다.

이렇듯 보통 세포들은 자기 의지로 뇌의 지시를 스스로 받아들이는 순종을 하고 있는 것이다.

세포 자체가 스스로 자기 몸의 주인이 되어 몸에게 명령하고 주인노릇 할 수 없듯이 거룩한 성전이 된 그리스도의 몸들은 오직 그리스도가 머리되심을 인정하는 지체들인 것이다.

하나님과 인간.

오직 믿음으로 존재하는 인간은 거듭난 영적 존재이며 그 존재가 하나님과 연합되어 하나님의 생명 그 자체로 존재하는 것을 말한다. 이것을 반드시 이해해야 한다. 나는 없고 아버지 생명으로 있는 나가 아버지와 하나가 되어 있는 그것을 성령으로 거듭났다 이렇게 말하는 것이다. 이것이 성경이 말하는 믿음이다.

성령으로 거듭난 새 생명의 탄생과 새 생명으로서의 실존, 이 생명은 하나님 생명 그 자체이다. 그것을 인정하고 있는 내가 그 안에 있을 뿐이다.

이렇게 한 생명으로 이해가 되어져야 진리가 그 속에 있게 되고, 그 생명은 성령이기에 완전한 자유가 있는 것이다.

그 생명으로 존재하는 이는 그 생명이 성령의 생명 그 자체이기에 영생이 그에게 있는 것이다.

이 세계는 혼과 육의 세계는 죽고 새롭게 태어난 영적 존재인 것이다. 그때부터 그의 혼과 육은 성령의 생명인 그 새 생명에 의해서 지시받고 통제받으며 존재하게 된다. 인간 혼의 열심과 육의 열심으로 신앙 하는 것이 믿음의 세계가 아니라 성령의 생명으로 존재하는 믿음의 존재자가 자기의 혼에게 빛을 비춰주고 그 혼은 자기 육에게 명령하여 혼과 육까지 영광스럽게 되는 것이 믿음의 세계이다.

정신세계는 모두가 다 혼에 의한 정신작용으로 일어나는 것이라면 성령의 생명의 활동은 창조자의 영으로 존재하는 창조자의 세계인 것이다.

그 생명의 머리는 오직 예수이며, 나는 그 생명의 한 부분인 지체로 있는 것이다. 이 부분이 분명하게 이해가 되어져야 한다. 이것이 이해가 되어야만 구원이 무엇인지, 누구에게 구원의 은혜가 있는지, 누구에게 하나님 나라가 있는지, 어떻게 영생을 얻을 수 있는지… 이러한 것들을 전혀 혼돈없이 또렷하게 알 수 있다.

이 하나로만 존재하는 생명의 세계, 이것만이 믿음임을 분명하게 이해해야 한다. 이것이 풀리면 구원론으로 서로 다툴 필요가 없어지게 된다. 이 메시지가 이해가 된다면 구원론 문제가 정말 시원하게 해결될 것이다. 믿음으로 구원이냐? 행위로 구원이냐? 이러한 논쟁은 완전히 사라지게 된다.

갈라디아서 2장 20절

내가 그리스도와 함께 십자가에 못박혔나니 그런즉 이제는 내가 사는 것이 아니요 오직 내 안에 그리스도께서 사시는 것이라 이제 내가 육체 가운데 사는 것은 나를 사랑하사 나를 위하여 자기 자신을 버리신 하나님의 아들을 믿는 믿음 안에서 사는 것이라

내가 있지만 주님과 연합되어 있으니 그 생명은 하나로만 존재하는 것. 그래서 나는 없다고 말하는 것이며, 나로 있으면 하나님은 없는 것이다.

나 따로 하나님 따로. 이 구조는 새 생명의 구조가 아니다. 하나님을 대상으로 놓고 하나님과 나를 둘로 나눠서 믿음을 이해하려고 하기 때문에 새 생명의 정체성에 혼란이 온 것이다.

나 존재와 하나님 존재를 나눠서 이분법적으로 생각하며 늘 하나님은 나의 대상으로 존재한다면 이 존재의 주체는 인간 혼과 육으로 존재하고 있는 '나'이고 그 육적자아의 나가 그리스도를 믿는 것을 믿음이라고 생각하니 하나님 따로 나

따로가 되어 있는 것이다.

성령의 생명으로 거듭났다고 말은 하지만 이것은 막연한 상상이며 실제로는 내 혼이 주를 위해 사는 것을 믿음이라고 생각하며 신앙한다. 이렇게 되면 늘 나로 살아왔던 그 생명이지 성령의 생명이 아닌 것이다.

이러한 것은 성경이 말하는 복음관은 아니다.

이것은 인간이 신을 의지하며 신앙하는 하나님 숭배사상의 범주를 벗어날 수 없다.

왜냐면 자기의 존재 인식이 여전히 인간인 내가 되어 나 존재가 하나님 존재를 의지하며 사는 것을 믿음이라고 생각하기 때문이다. 생명의 머리는 하나밖에 없어야 하는데 그 하나가 나이다 보니 하나님은 저기 어딘가에 계시고 나는 그 하나님을 바라보고 의지하고 있는 것이다. 그것도 저 멀리 떨어져 계시기에 기도를 해도 큰소리로 소리쳐 기도를 한다.

인간이 하나님을 의지하고

인간이 하나님을 앙망하고

인간이 하나님을 닮아가고

인간이 하나님의 계명을 지키고

인간이 하나님의 뜻을 위해 살아가고

인간이 하나님의 나라를 만들어 가고

인간이 하나님의 성령의 도움을 받아 세상을 치유하고 회복시키고

이 모든 힘씀들은 인간 혼과 육의 세계에서 일어나는 것일 뿐이다.

요한복음 15장

1 나는 참포도나무요 내 아버지는 농부라

2 무릇 내게 붙어 있어 열매를 맺지 아니하는 가지는 아버지께서 그 것을 제거해 버리시고 무릇 열매를 맺는 가지는 더 열매를 맺게 하려 하여 그것을 깨끗하게 하시느니라

3 너희는 내가 일러준 말로 이미 깨끗하여졌으니

4 내 안에 거하라 나도 너희 안에 거하리라 가지가 포도나무에 붙어 있지 아니하면 스스로 열매를 맺을 수 없음 같이 너희도 내 안에 있지 아니하면 그러하리라

5 나는 포도나무요 너희는 가지라 그가 내 안에, 내가 그 안에 거하면 사람이 열매를 많이 맺나니 나를 떠나서는 너희가 아무것도 할수 없음이라

6 사람이 내 안에 거하지 아니하면 가지처럼 밖에 버려져 마르나니 사람들이 그것을 모아다가 불에 던져 사르느니라

7 너희가 내 안에 거하고 내 말이 너희 안에 거하면 무엇이

든지 원하는 대로 구하라 그리하면 이루리라

8 너희가 열매를 많이 맺으면 내 아버지께서 영광을 받으실 것이요 너희는 내 제자가 되리라

9 아버지께서 나를 사랑하신 것 같이 나도 너희를 사랑하였으니 나의 사랑 안에 거하라

10 내가 아버지의 계명을 지켜 그의 사랑 안에 거하는 것 같이 너희도 내 계명을 지키면 내 사랑 안에 거하리라

11 내가 이것을 너희에게 이름은 내 기쁨이 너희 안에 있어 너희 기쁨을 충만하게 하려 함이라

12 내 계명은 곧 내가 너희를 사랑한 것 같이 너희도 서로 사랑하라 하는 이것이니라

로마서 8장

5 육신을 따르는 자는 육신의 일을, 영을 따르는 자는 영의 일을 생각하나니

6 육신의 생각은 사망이요 영의 생각은 생명과 평안이니라

7 육신의 생각은 하나님과 원수가 되나니 이는 하나님의 법에 굴복하지 아니할 뿐 아니라 할 수도 없음이라

8 육신에 있는 자들은 하나님을 기쁘시게 할 수 없느니라

9 만일 너희 속에 하나님의 영이 거하시면 너희가 육신에

있지 아니 하고 영에 있나니 누구든지 그리스도의 영이 없으면 그리스도의 사람이 아니라

10 또 그리스도께서 너희 안에 계시면 몸은 죄로 말미암아 죽은 것이나 영은 의로 말미암아 살아있는 것이니라

11 예수를 죽은 자 가운데서 살리신 이의 영이 너희 안에 거하시면 그리스도 예수를 죽은 자 가운데서 살리신 이가 너희 안에 거하시는 그의 영으로 말미암아 너희 죽을 몸도 살리시리라

12 그러므로 형제들아 우리가 빚진 자로되 육신에게 져서 육신대로 살 것이 아니니라

13 너희가 육신대로 살면 반드시 죽을 것이로되 영으로써 몸의 행실을 죽이면 살리니

14 무릇 하나님의 영으로 인도함을 받는 사람은 곧 하나님의 아들이라

고린도전서 3장

16 너희는 너희가 하나님의 성전인 것과 하나님의 성령이 너희 안에 계시는 것을 알지 못하느냐

17 누구든지 하나님의 성전을 더럽히면 하나님이 그 사람을 멸하시리라 하나님의 성전은 거룩하니 너희도 그러하니라

08
도화지 한 장

1

모든 인간은 이 세상에 나올 때 도화지 한 장으로 던져진다. 도화지 한 장으로 던져졌더니 누군가가 그림을 그려 나가기 시작한다. 그림을 그려줄 대상자를 내가 선택한 적도 없으며 그것을 선택할 만큼 지적 능력도 아직 없고 그런 환경을 만들어낼 재간이 전혀 없는 그때에 운명처럼 주어진 누군가에 의해서 나는 그려져 나간다.

자신이 원하는 대로 키워진 사람은 단 한 사람도 없다. 자신의 의지와는 상관없이 키워짐을 당한다.

내가 원하지 않았던 피부색, 내가 원하지 않았던 생김새, 원하지 않았던 성격, 내가 선택한 바 없이 이렇게 되어져 있는 것이다.

누군가는 운동을 좋아하고, 어떤 이는 노래를 좋아하고,

어떤 이는 여행을 좋아한다.

이러한 것까지도 자기가 원하는 것과는 상관도 없이 살다 보니 좋아하고 있는 자기 자신을 보게 된다.

자신도 모르는 사이에 누군가는 파랑색을 칠하고 갔고, 누군가는 빨강색을 칠하고 갔다. 자기도 모르는 사이에 그렇게 색깔이 입혀져 자신이 만들어져 갔던 것이다.

나의 존재의 그림을 그려줄 화가를 선택할 수도 없는 그때 누군가가 일방적으로 나를 그려 버렸다. 부모가 그랬을 것이고 세상에서 보고 듣고 만지고 느끼는 사이, 그러한 것들이 차곡차곡 쌓여서 나의 색깔이 되어졌던 것이다.

누군가가 물들인 언어, 생활습관, 가치관, 심지어 꿈과 비전까지 어느 날 나의 관심사, 재미, 열정, 꿈이 되어진다. 지금의 나라는 존재는 텅 빈 도화지에 한 줄 한 줄 스케치 되어 왔고 온갖 색깔들이 입혀져 지금의 내가 되어 있는 것이다.

혹시 자신의 외모가 마음에 들지 않은가?

혹시 자신의 성격이 마음에 들지 않은가?

자신이 남들보다 부족한 게 많다고 생각하는가?

그렇다고 생각이 들 때 자칫 우리는 누군가에게 그 책임을 물으려고 한다.

그러나 그 책임을 누구에게 물을 수 있을까?

만약에 부모로부터 받은 것이 아주 못마땅하다고 하자.

자기가 아버지를 닮아 외모가 아주 마음에 들지 않는다고 하자. 아버지를 닮아 성격이 아주 마음에 들지 않는다고 하자. 그러면 그 책임은 누구에게 있는가?

아버지도 그 생김새를 원해서 가진 것도 아니고, 아버지도 자기가 성격을 선택해서 그 성격이 된 것도 아니다.

이 세상의 수없이 많은 온갖 못마땅한 것들, 그것들을 누구에게 책임을 물을 수 있을까?

모든 사람은 자신이 원하지도 않는 그때 일방적으로 누군가를 만나서 언어와 습관, 가치관, 세계관이 만들어져 '나'가 된다.

누군가가 그의 성격과 내면의 세계가 만약 사회로부터 온갖 지탄을 받고 있다면 그 책임은 누구에게 있는 것인가?

우리가 누군가를 함부로 판단하고 정죄할 수 없는 이유이다.

"저런 사람은 욕을 먹어도 싸." 이런 말을 아주 너무나 쉽게 한다.

내가 먹지도 않았던 선악과. 그것 때문에 죄가 세상에 들어 오고, 이 땅에 악이 창궐해서 태어나면서부터 보고 배운 것이 그런 것이라면 그에게서 나올 수 있는 것이 그러한 것들이지 않겠는가?

우리에게 있는 이 욕망의 용광로, 내가 만든 적도 없고 내가 소원한 적도 없는데 저절로 내 속에서 부글부글 끓고 있는 이 활화산을 어떻게 잠재울 수 있단 말인가?

나의 의지와는 상관도 없이 일어나는 악의 속성들, 그것들을 막아설 재간도 없이 늘 그것의 노예가 되어 한심한 존재로 살아간다. 이것이 누구의 책임인가?

"너의 책임이야!!! 너의 문제야!!! 이 한심한 놈!!!"

이렇게 함부로 내뱉는 말, 이것이 당연한 말인가?

사실 이 세상에 태어난 모든 사람은 다 피해자이다.

또한 동시에 수혜자이기도 하다.

그러니 좋지 못한 것들에 대해서 스스로 자책할 문제도 아니며, 뭔가 자기에게 멋진 모습이 일어난다고 그것에 대해 우쭐거릴 것도 없다. 좋은 것이든 좋지 않은 것이든, 마음에 드는 것이든 그렇지 않은 것이든, 누군가로부터 받은 것들이 나타나고 있을 뿐이다.

당신에게 어떤 아름다움이 있다면 어디로부터인가 그 아름다움의 에너지가 붙어서 그 아름다움이 나오고 있는 것일 테고, 뭔가 더럽기도 하고 악하기도 한 뭔가가 나온다면 그것 또한 악의 에너지가 들어와서 그것이 나오고 있는 것이다.

들어간 것이 없으면 나올 것도 없다. 그러니 그러한 것들이 자기로부터 생겨난 것처럼 스스로를 높일 필요도 없고, 또한 좋지 못한 것들이 나타난다고 스스로를 자책할 필요도 없다.

모든 사람은 노예와 같다.

좋은 모습이든, 그렇지 않은 모습이든, 누군가가 입혀 준 그 어떤 힘에 의해 그 모습이 되어 지금 그렇게 존재하고 있는 것이다.

그러니 너는 아무 책임도 없으니 "너 멋대로 살아도 돼!" 지금 이런 말을 하자고 하는 것인가?

우리에게는 이제 더 이상 어떤 선택도, 어떤 변화도, 어떤 기회도 없다는 말이 아니다.

원하든 원하지 않든 이미 성격과 정서와 가치관과 세계관이 입혀진 것은 사실이다. 그러한 정보들이 나를 형성하고 있기 때문에 그 정보들이 가지고 있는 힘은 실로 대단해서 우리는 그 힘에 영향을 받고 또한 지배를 받고 살아가는 것도 사실이지만 동시에 지금 이 순간에도 또 다른 정보, 또 다른 내용들이 하루에도 수도 없이 쏟아지고 나에게 입혀지고 있다는 것을 알아야 한다.

2

정보, 즉 말. 이 말은 곧 씨가 된다.

이 정보는 에너지를 가지고 있기 때문에 우리는 지속해서 오늘도 새로운 정보, 새로운 에너지를 받으며 살아가게 된다.

날마다 쏟아지는 정보에 의해 누군가는 더욱 아름답게 변화해 가는 이가 있는가 하면 누군가는 점점 망가져 가기도 한다. 이성적인 판단이 전혀 없는 그때는 어느 것 하나도 내가 생각해서 어느 것은 받아들이고 어느 것은 걸러내고 할 수도 없이 일방적으로 입혀진 것들이지만 이제는 이성적 판단이 생겨나면서 스스로가 선택하여 받기도 하고 버리기도 할 수 있는 것이다.

물론 그 판단함에 있어서도 아주 강력하게 작용하며 영향력을 행사하는 힘은 선정보다발이다. 이미 형성된 자아의 세계가 아주 크게 작용을 하게 된다. 그렇기 때문에 조기교육이 중요하다고도 하는 것이다.

한 장의 도화지로 세상에 던져진 나,

그동안 누군가에 의해 이렇게 저렇게 그려진 나,

그렇게 그려진 바탕에다 이제는 나의 의지까지 더해져 여러 가지의 색깔들이 입혀지게 된 지금의 나,

그러나 나의 그림이 아직은 끝나지 않았다.

이제는 누군가가 함부로 나의 그림을 망치지 못하도록 해야 하고 나 스스로가 원하는 그림을 그려가야 한다.

나의 작품을 더 이상 남에게 맡겨서는 안 되며 더 이상 남에게 나의 인생을 책임지라 말하지도 말아야 한다.

우리의 인생의 그림은 선택하는 것이다.

이제부터는 내가 선택하여야 한다.

나를 만들어 가는 실제적 에너지는 정보다. 즉 말이다.

수없는 단어들, 날마다 그 말들이 무지막지하게 함박눈처럼 쏟아지고 있다.

아무 말이나 다 받아 버리면 그 그림은 정체불명의 그림이 되는 것이고, 적재적소에 필요한 말을 나에게 잘 입혀주면 그 말들이 아주 멋진 나의 정체를 만들어 줄 것이다.

우리가 먹는 음식, 이 음식은 사람을 살게도 하고 죽게도 한다. 무엇을 먹을까? 하는 선택은 자유이지만 그 음식이 우리를 살게도 하고 죽게도 한다. 음식은 에너지원이다.

우리의 정체성의 에너지원은 말(정보)이다.

수많은 정보들이 마구 쏟아지지만 어떤 정보는 우리를 죽게 만들고, 어떤 정보는 우리를 살게 한다. 어떤 정보는 다이너마이트 같은 폭발력을 내는 강력한 에너지를 가지고 있어 그동안 내재되어 있는 모든 좋지 못한 힘들을 한순간에 날려 버리고 전과는 비교할 수도 없는 전혀 새로운 생명에너지를 부어 주는 정보들도 있다.

오래전부터 나를 그려왔던 정보들에 의해 나의 정체성이 형성되어져서 나의 인생을 그려 왔지만, 어느 날 갑자기 어떤 단어 하나가 하늘로부터 뚝 떨어지더니 외롭고 지치고 병든 마음에 새로운 역사를 일으켜 버린다.

요한복음 10장 34절

예수께서 이르시되 너희 율법에 기록된 바 내가 너희를 신이라 하였노라 하지 아니하였느냐?

35절 성경은 폐하지 못하나니 하나님의 말씀을 받은 사람들을 신이라 하셨거든

하나님의 말씀을 받은 사람은 '신'이라고 하신다.

하나님의 말, 즉 하나님의 에너지를 가지고 있으니 신인 것이다. 앞에서도 언급했듯이 다른것이 아닌 그 사람에게 입혀진 정보다발이 그 사람의 실체이다. 정보다발이 곧 그의 정체인 것이다.

하나님의 말씀이 그의 생각이 되고, 그의 뜻이 되고 그의

능력이 되니 신으로 존재하게 되는 것이다. 하나님은 영이시기 때문에 물질적 존재가 아니다. 사람 마음에 언어로, 즉 뜻으로 계시고 내용으로 존재하시는 것이다. 사람에게는 언어로 나타나지만 그 언어가 가진 뜻이 하나님 그 자체인 것이다. 하나님의 말이 에너지를 갖는다. 인간은 영적인 존재다.

하나님의 영적 메시지가 사람에게 떨어지면 폭발적인 에너지활동을 일으킨다.

하나님의 말, 하나님의 씨가 떨어져서 그 열매를 맺히게 되는 것이다. 이 영적 에너지는 정신적인 것, 육체적인 것, 우리 몸에 붙어서 일으키고 있는 수많은 에너지 활동들을 한순간에 날려 버리고 전혀 새로운 생명 에너지 활동을 일으킨다.

하나님의 말, 하나님의 씨가 우리의 마음 밭에 떨어지면 하나님의 열매를 맺게 된다. 하나님의 아들의 열매인 신의 세계가 그의 삶이 되는 것이다. 하나님의 아름답고 거룩하고 존귀한 하나님이 나를 통해 나타나는 것이다. 그때부터 하나님의 세계가 내 세계가 되고 전능하신 하나님의 상속자로 존재하게 되고 그의 능력과 부와 충만함이 나의 세계가 되는 것이다.

우리 속에 담겨있는 단어들이 그의 정체성이자 그의 인생이라는 것을 알길 바란다. 신기하게도 단어 하나가 수만 개의 단어를 한순간에 삼켜 버리기도 한다.

"난 쓸모없는 인간이니 죽을 거야." 이 짧은 문장 하나가 그가 지금껏 품고 왔던 수많은 정보들을 한 순간에 삼켜버리기도 한다.

3

요즘 젊은이들 중에 정신질환을 앓고 있는 이들이 참 많다. 그들의 정신에 이상신호가 온 것이다.

이유는 단 하나다. 그들이 가지고 있는 말이 그 정신을 망가뜨리고 있는 것이다. 먹은 음식에 독이 너무 많이 섞여 온몸에 독이 퍼진 것처럼 그들이 받아들인 말들이 그들의 정신을 망가뜨리고 있는 것이다. 그러나 지금껏 자신을 망가뜨렸던 힘, 그 힘에 의해서 조종되어 살아왔던 인생이 말 한마디 바뀜으로 완전히 한 순간에 전혀 다른 힘을 갖게 된다. 하나님의 힘에 의해서 키워지고 그 힘으로 이제 세상을 바라보게 된다. 그 힘으로 땅을 새 창조해 나가는 것이다. (땅은 자기 자신이다) 그때부터는 노예가 아닌 창조자로 살아가는 것이다.

그의 인생을 그리는 화가가 하나님이 되니 그 하나님의 크기와 깊이와 넓이와 길이가 그의 인생이 되는 것이다.

지금까지 걸어온 자기의 인생길이 아무리 못마땅하다고 할지라도 이제 새 빛이 비춰지고 있다.

새로운 생명, 새로운 씨가 던져지고 있다.

신의 생명으로 태어날 수 있는 절호의 기회가 지금 당신 앞에 던져져 있는 것이다.

이 땅에 올 때도 자기가 원해서 온 것이 아니듯이 이 생명도 누구에게나 던져주고 있다. 문제는 선택이다. 그 씨를 받을 기관을 모든 사람에게 심어 놓으셨다.

닭이 알로 태어날 때는 자기의 의지와 상관없이 떡하니 던져진다. 그러나 알의 프레임을 깨고 드디어 빛이 있는 세계로 나올 때에는 자기의 의지로 스스로 껍질을 부수고 빠져나와야 새 생명인 닭의 생명으로 재탄생하게 되듯이 사람도 어둠인 인간 존재의 프레임을 깨고 빛이 있는 새 생명의 세계로 재탄생해야만 영생하는 하나님의 아들이 되는 것이다.

인간으로 때어날 때는 나의 선택과 상관없이 던져졌지만 하나님의 아들로 재탄생할 때는 자기의 의지로 스스로 자기의 집을 부수고 성령의 생명을 얻어야 하는 것이다. 지금껏 살아왔던 자기의 집을 부수고 그 집으로부터 새로운 세계로 빠져나와야만 비로소 새 생명인 것이다. 늘 있어 왔던 그 집에 그대로 앉아 영생을 상상한들 생명은 없는 것이다.

모든 사람은 누구나 성령을 받을 수 있는 영적 존재이다. 그러나 사람들은 왠지 빛보다 어둠을 더 좋아한다. 그러니까 하나님의 아들로 존재하는 것보다는 사람으로 존재하기를 더 원한다는 것이다. 영의 세계를 살기보다 육의 세계를 살길 원한다. 그 인간 프레임을 깨는 것이 두렵고 그 프레임 안에서만 계속 안주하고자 하는 어떤 힘이 그를 가둬 두어 나올 생각을 하는 것이 쉽지 않다.

이것이 안타까운 현실이다.

좋은 소식, 기쁜 소식, 복된 소식이 우리 앞에 던져져 있음에도 선택하려 하지 않는다. 우리를 죽이고 멸망시키려 하는 그 소식을 좋아하고 그 소식을 선택한다.

요한복음 10장 10절

도둑이 오는 것은 도둑질하고 죽이고 멸망시키려는 것뿐이요 내가 온 것은 양으로 생명을 얻게 하고 더 풍성히 얻게 하려는 것이라

영생하는 생명으로 새 창조되는 이 놀라운 기회, 세상의 노예가 아닌 세상의 통치자로, 창조자로 살아갈 수 있는 놀

라운 기회, 더 이상 답답하고 어두운 감옥 같은 세상에 갇혀 있을 이유가 없는 진정한 자유의 세계, 이 기회를 잡으라. 이 소식을 받으라.

요한복음 1장 12절

영접하는 자 곧 그 이름을 믿는 자들에게는 하나님의 자녀가 되는 권세를 주셨으니

하나님은 자녀를 낳기를 원하신다.

우리를 하나님의 자녀로 키우시길 원하신다.

땅을 다스리고 땅을 통치하는 자로 키우시길 원하신다.

선택을 잘못하면 죽을 수도 있고, 잘하면 영원히 살 수도 있다.

요한복음 1장

9 참 빛 곧 세상에 와서 각 사람에게 비추는 빛이 있었나니

10 그가 세상에 계셨으며 세상은 그로 말미암아 지은 바 되었으되 세상이 그를 알지 못하였고

11 자기 땅에 오매 자기 백성이 영접하지 아니하였으나

12 영접하는 자 곧 그 이름을 믿는 자들에게는 하나님의

자녀가 되는 권세를 주셨으니

13 이는 혈통으로나 육정으로나 사람의 뜻으로 나지 아니하고 오직 하나님께로부터 난 자들이니라

14 말씀이 육신이 되어 우리 가운데 거하시매 우리가 그의 영광을 보니 아버지의 독생자의 영광이요 은혜와 진리가 충만하더라

고린도후서 5장

17 그런즉 누구든지 그리스도 안에 있으면 새로운 피조물이라 이전 것은 지나갔으니 보라 새 것이 되었도다

09
말은 내가 아니다

1

우리 몸은 음식의 유입으로 이런저런 방식으로 만들어졌고, 지금의 내가 되었다. 물론 형태는 DNA에 따라 만들어지지만 어떤 음식을, 어떻게, 얼마나 먹느냐에 따라 육체는 형성된다.

그렇다면 우리의 마음은 어떻게 지금의 나의 마음이 되었을까? 우리의 마음의 세계를 만드는 것은 말이다.

우리가 태어나서 지금까지 듣고, 보고, 경험한 모든 것이 내 안에 정보로 저장되어 있다.

그렇게 입력된 정보들의 총합이 그 사람의 내면의 세계다. 그 속에 담긴 내용이 없다면 지금의 '나'로 존재하는 사람은 없다. 정자 하나에도 정보가 들어있다고 하니, 얼마나 많은 정보가 들어와서 지금의 나를 형성하고 있겠는가?

말(정보)과 나는 하나이고, 그 정보의 총합을 우리는 '나'라고 인식하며 살아간다.

자신이 사람이라는 정보를 가지고 지금껏 살아왔는데 갑자기 누군가가 "이 개새끼~"라고 하면 화가 난다. 왜냐하면 나는 사람이라는 정보를 받아들여 지금껏 너무도 당연하게 그렇게 사람으로 인식하며 살아왔기 때문이다.

그런데 늑대인간은 늑대의 정보만 받고 자랐기 때문에 언어도 늑대, 행동도 늑대, 생각도 늑대, 그의 세계에는 사람의 세계가 없다. 생김새는 태생이 사람이다 보니 사람의 형체를 가졌는데 내면의 세계는 그냥 늑대다.

이렇듯 '나'라는 존재를 설명할 때 그에게 주어진 정보를 떼어 놓고서는 설명을 할 수 없다.

사람들은 그가 가진 정보다발을 자신이라고 생각하고 살아간다.

하지만 분명히 말하자면, 말(정보)은 내가 아니다.

그것은 나에게 와서 나에게 달라붙고 나와 연관되어 있을 뿐, 정보 자체가 나는 아니다. 분명히 사람인데 늑대의 정보가 들어가니 늑대가 되어져 버리듯이 실제로는 나와 말은 하나가 아닌데 서로 연합이 되어 있는 것이다.

말은 단지 말일 뿐임을 알아야 한다.

말은 어떤 내용일 뿐이다.

그 내용을 내가 받아들였고 지금도 그 내용과 연합이 되어 있으니까 나로 느끼는 것이지 그 정보 자체가 나는 아니다.

자기의 내면의 세계를 바꾸고 싶으면 자기가 원하는 단어들을 계속 들려주면 내면의 세계는 그 단어들로 채워지면서 자연스럽게 그렇게 바뀐다.

이 단어와 접촉이 되어 있으면 이 단어와 하나가 되고 저 단어와 접촉되어 있으면 그 단어와 하나가 된다.

'미워해'라는 단어와 접촉되어 있으면 미워하는 자가 될 것이고, '사랑해'라는 단어와 접촉되어 있으면 사랑하는 자가 될 것이다.

단어가 가진 내용들은 나의 내면의 세계를 만들고, 그것들이 나의 정체성이 된다.

그러나 그 단어들이 나 자신은 아니기에 나에게 들어왔다가 소멸되기도 하고 또 다른 단어들이 나의 내면을 채워가기도 한다.

그렇기 때문에 말이 나에게 들어와 지금의 나가 되어 있지만, 실상은 말이 나는 아닌 것이다.

말이 나는 아니기에 우리는 우리가 원하는 말을 선택하여 원하는 나를 만들어 가면 된다.

"짜장면을 먹고 싶다."

이 말 자체는 나는 아니다. 그러나 이 말이 내 마음에 떨어져 나와 하나가 되면 우린 짜장면을 먹지 않으면 답답함을 느낀다.

만약 짜장면을 먹겠다는 마음이 생겼는데 주머니 사정을 보니 돈이 없는 것이다.

이럴 때, "괜찮아, 다음에 먹으면 되지 뭐!!!" 이러한 말이 떨어져 내 마음에 와 붙으면 금세 마음이 평안해진다.

그러나 "아이씨~ 정말 짜증나네, 어쩌다가 내 인생이 짜장면 하나 먹을 수 없는 한심한 인생이 되었단 말인가?"

이러한 말이 그 마음에 떨어져 나와 하나가 되면 짜장면 하나 때문에 하루 종일 기분을 잡치기도 한다. 누군가가 내 심기를 불편하게 하면 욕이라도 퍼붓게 된다. 그놈의 짜장면 하나 때문에….

'짜장면'도 내가 아니고 '짜장면 먹고 싶다'라는 말도 나는 아니다. 그러나 그 단어와 내가 하나가 되어 지면 그때는 먹을 것 하나 때문에 칼부림도 날 수 있다.

또한 이런 경우도 있다. 조금 전까지만 해도 짜장면 먹고 싶다가도 누군가가 햄버거를 먹겠다고 하니까 갑자기 햄버거가 먹고 싶어진다. 이렇게 단어 자체가 나는 아니지만 그 단어와 내가 하나로 결합되었을 때는 그것과 하나가 되어 존재하게 되는 것이다.

"내가 잘못했어, 내가 책임질게~"

"네가 잘못했어, 네가 책임져~"

'나'와 '네', 글자 한 자 바뀌었을 뿐인데 하나는 고마움을 느끼게 하고, 하나는 미움을 갖게 한다.

하나는 서로를 화합시키고, 하나는 싸움을 일으킨다.

단어와의 접촉, 단어와의 연합.

이것이 그의 인생이 된다.

어떤 단어, 어떤 말을 마음에 쌓아 놓았느냐가 그의 삶이 된다.

삶은 단어와의 결합을 통해서 의미가 생겨난다. 정보가 없이 사는 사람은 하나도 없다.

어떤 내용이든 그 내용과 내가 만나서 하나가 되어 나를 형성하고, 나의 인생을 만들어 간다.

그러나 분명한 것은 그 내용이 나는 아니라는 것이다.

이 사실을 알면 내 인생 전체를 내가 원하는 대로 창조할 수 있다.

말과의 만남이 곧 삶이 되니, 원하는 삶이 있다면 그 말을 먹으면 된다. 그 말이 내 안에 들어와서 그 삶을 만들어 줄 것이다.

그런데 행복해지고 싶지만 매일 자신을 힘들게 하고, 괴롭히고, 병들게 하고 죽이는 말을 먹는 사람들이 있다. 그들에게는 행복이 찾아올 수 없다. 지치고, 병들고, 괴로움의 탄식의 소리만 그 입에서 튀어나올 뿐이다.

그가 먹은 말이 그의 입 밖으로 튀어나오는 것이다.

2

우리의 혼과 육체가 이 땅의 정보를 받아 지금의 나를 살고 있는 것이라면, 거듭난 성령의 생명은 하나님으로부터 정보를 받아 하나님의 아들로 사는 자이다. 그가 가진 내용, 그의 세계는 오직 하늘의 정보만을 담고 있다.

한국 사람이 한국어를 사용하는 것처럼 하나님 나라에 사는 사람은 하나님 나라의 언어를 사용하게 된다. 사람이 음식을 먹어야 하듯이 하나님의 아들은 하나님의 말씀을 받아 먹어야 한다. 사람이 숨을 쉬어야 하듯이 하나님의 아들은 성령의 호흡을 해야 한다. 믿음의 세계는 인간이 사는 세계가 아니라 하나님의 아들이 사는 세계이다.

늑대의 삶에서 사람이 나올 수 없고, 사람에게서 늑대의 언어와 늑대의 생각과 늑대의 행동이 나와서는 안 되듯이 하나님의 아들에게서 사람의 언어와 사람의 생각과 사람의 행동이 나와서는 안 되는 것이다. 하나님의 아들이라면 분명히 하나님의 내용으로 가득 차 있어야 한다.

예수께서 하나님의 내용들로 가득 차 있기 때문에 예수를 보면 아버지를 볼 수 있다.

내용 자체가 나는 아니지만 사람이면 사람의 내용을 가지고 있듯이 하나님의 아들들은 하나님은 아니지만 하나님의 내용을 가지고 있는 자다. 이것이 비밀이다. 이것을 잘 이해해야 한다.

우리가 지금껏 '나'라고 생각하며 살아왔던 나의 실체를 우리는 우리가 가지고 있는 정보를 가지고 생각하게 된다. 정보다발이 곧 나인 것이다. 따로 떼어서는 나를 설명할 수 없다.

그렇듯이 거듭난 생명이란 하나님의 정보만을 가진 자라는 것을 분명히 알아야 한다. 하나님의 정보와 새 생명은 따로 떼어서는 설명할 수 없는 것이다. 내 속에 가지고 있는 정보가 나의 정체성이다. 세상의 정보가 아닌 하나님의 정보, 지금 그 완전한 생명만을 생각해 보라. 그 생명이 거듭난 생명이다.

티도 없고 흠도 없는 바로 그 생명이다.

3

그동안 내 안에 나를 구성하던 모든 정보다발이 더 이상 내가 아니라는 선언이 믿음의 선언이다.

그 정보다발의 세상에서 예수와 함께 십자가에서 내가 완전히 죽었음을 받아들인 사람은 성령의 생명을 받은 사람이다. 이를 믿고 거듭난 성령의 생명은 점차 하나님의 말씀으로 채워지며 아버지의 형상을 닮아가고 있는 것이다.

벌레 생명과 사람 생명의 세계가 서로 섞여서 존재할 수 없듯이 땅의 열매인 옛 정보들과 하나님의 말씀이 섞여서 새 생명으로 존재할 수는 없다. 이것은 분명한 생명의 세계이다.

하나님의 아들의 생명이라면 땅에서 듣고 보고 채웠던 내용들이 완전히 지워졌다는 것을 알아야 한다.

그것을 모르고 늘 함께해 왔던 정보들과 하늘의 메시지와 잘 버무려 놓고 이것을 새 생명의 세계라고 하는 것은 거짓 복음을 가지고 있는 것이다.

이렇게 혼합된 거짓 복음을 가진 사람은 하늘의 생명력도, 하늘의 능력도, 하나님 아들의 자존감도 없으며 여전히 땅에 속한 육신의 삶을 살 수밖에 없다.

사람이란 사람으로 살고 싶은 자기 인생을 포기하기란 너무 힘들다. 한 손에는 자기 인간인생을 붙들고 다른 한 손에는 하나님을 붙들고 있다면 그는 지속적으로 땅의 정보를 받아먹고 살 수밖에 없다. 그런 사람은 땅의 정보가 그의 실제적 존재감이 되어 삶을 이끌 것이다. 자기는 스스로가 믿음의 사람, 성령의 사람이라고 생각할 수는 있겠지만 이것은 자기 착각일 뿐이다. 자기가 자기 주인이면서 성령의 생명이라고 생각하는 것은 자가당착적인 착각인 것이다.

4

믿음이란 시작부터 그동안 세상으로부터 입혀진 정보다발을 죽임으로 시작된다. 그래서 무엇을 먹을까? 무엇을 마실까? 무엇을 입을까? 염려하는 육적 걱정의 세계는 끝이 났다는 것을 알게 된다.

사람의 뜻, 사람의 생각, 사람의 꿈, 사람의 안위, 사람의 미래, 사람의 관계, 사람의 비전, 사람의 관심, 사람의 가치관, 사람의 지혜, 사람의 판단, 사람의 전통, 사람의 관습 등 그 모든 것이 끝이 난 것이다. 땅으로부터 받아 그동안 차곡

차곡 쌓아 놨던 그 모든 정보가 성령의 불에 다 타버리는 것을 당연히 인정하게 된다.

그의 믿음이 그 고백을 하게 한다.

염려, 불안, 걱정, 두려움, 근심, 이런 단어들은 하나님으로부터는 결코 나올 수 없는 단어들이다.

"그게 그렇게 말처럼 쉽니?"

"너는 그 믿음대로만 살고 있니?"

"그러면 너는 걱정이 없느냐?"

이런 질문들을 한다.

인간으로서 어쩔 수 없다고 생각되는 것들을 그대로 받아주면서 그냥 그대로 혼합해서 그것을 믿음이라고 생각한다.

믿음이란 인간의 가능성과 인간의 능력으로 해낼 수 있는 어느 정도의 것을 믿음이라고 생각하면 안 된다.

믿음의 세계는 육의 세계가 아닌 영의 세계이다. 성령으로만 가능한 세계이다. 믿음은 하나님의 정보만 있는 세계이다.

우리가 믿는 것은 하나님을 믿고 예수를 믿는 것이지 나를 믿는 것이 아니다. 우리가 하나님을 믿는다는 것은 그렇게 완전한 것을 믿는 것이다.

나의 순종과 상관없이 그리스도만 있는 세계를 믿음이라고 해야 한다. 바로 그 생명으로 다시 태어났음을 믿는 것이기 때문에 그 믿음만 붙잡고 날마다 달려가는 것이다.

땅의 생명은 땅으로부터 온 정보들을 가지고 자기인식을 하며 살아가지만, 하늘의 생명은 하늘로부터 온 정보를 갖고 자기인식을 하며 살아가는 자이다. 새 생명은 육의 생명의 연장선이 아닌 전혀 새로운 하나님의 말씀으로만 채워진 완전 새로운 내용의 정보다발이다. 이것이 믿음인 것이다.

자신이 늑대인 줄 알고 지금껏 살아왔는데 누군가가 새 소식을 들려준다. 늑대가 아니라 사람이었다는 것을~

이 말을 늑대인간이 알아들을 수 있겠는가?

이 말이 그에게 떨어져 열매를 맺히기가 결코 쉽지 않다. 늑대에게는 없는 전혀 새로운 세계, 이 세계가 쉽게 열리지 않는다. 그동안 늘 늑대로 살아왔고 당연히 늑대인데 늑대가 아니라고 자꾸 무엇인가를 설명하지만 좀처럼 알아들을 수 없다.

그런데 어느 날 갑자기 그 소식이 믿어지는 것이다.

그 말이 들려지게 된 것이다.

"난 늑대가 아니었어~ 내가 잘못 키워진 거야~ 나는 산속에서 울어대는 늑대가 아니라, 만물의 영장인 사람이었어."

자기가 어떤 존재인지를 확실하게 알아버렸다.

더 이상 자기는 늑대가 아니라는 것을….

그걸 제대로 깨달아야 그때부터 사람의 언어, 사람의 판단, 사람의 행동들을 배울 수 있는 것이다. 그게 믿어져야 만이 그 세계를 배울 수 있게 된다. 그게 믿어져야만 그 세계의 단어들이 차곡차곡 쌓여 가는 것이다.

이 새로운 세계가 금방 몸에 붙어서 삶으로 나오지 않는 것이 당연하다. 문득 문득 늑대의 울음소리, 늑대의 걸음걸이, 갑자기 사람들을 피해 숲으로 향해 달리게 되고….

그런데 자기 존재를 확실히 알아버린 이 늑대인간은 더 이상 자기를 늑대로 인식할 수 없다. 마찬가지로 성령으로 거듭난 하나님의 아들 역시 더 이상 자기를 육의 음식을 먹고, 육적인 호흡을 하고, 육의 세계를 사는 사람을 자기로 인식할 수 없는 이유이다.

늑대인간이 늑대로 살아왔지만, 결코 그 세계로 다시 돌아갈 수는 없듯이 자신이 하나님의 아들이라는 확신이 분명할수록 사람의 습관과 사람의 세계는 자기의 세계가 될 수 없음을 확신하게 되는 것이다.

5

사람의 가치관, 사람의 생각, 사람의 세계는 더 이상 자기의 세계가 될 수 없음을 확신하지만 이미 나와 하나가 된 정보들이 가만히 앉아 있지 못하고 아주 시끄럽게 떠들어댄다. 그 소리가 아주 소란스럽다. 내 머릿속에서도 소리치고, 거리에서도 소리치고, 매스컴에서도 비명을 지른다. 사방에서 들리는 소리가 바로 그런 소리들이다.

인간의 습관이나 그러한 판단들이 나도 모르게 작동되는 것들을 막아 내려고 해보지만 쉽게 되지도 않는다.

그럼에도 불구하고 그런 것들과는 상관없는 새로운 삶이라는 것을 깨달은 사람들은 더 이상 그 세계로 돌아갈 수 없는 것이다. 이미 거룩한 사람이 되었다는 것을 확신하기 때문에 그 믿음은 내 혼과 육체를 그 거룩한 길로만 인도한다.

늑대 인간이 자신이 인간임을 분명히 알고 믿는 한, 자신에게서 늑대 이미지가 더 많이 나올수록 그는 더 강하게 저항하고 명령할 것이며, 인간 세계가 자신의 유일한 세계라는 것을 더 많이 각인하고 연습하게 될 것이다.

이것이 그가 가진 말, 즉 정보에 따른 생명활동인 것이다. 하나님의 말을 가진 자의 눈은 세상으로부터 오는 모든 소리를 정확하게 꿰뚫어 본다.

무엇이 참이고 무엇이 거짓인지,

무엇이 잠시 있다 사라지는 껍질이고,

무엇이 영원히 보존되는 알곡인지를 정확히 분별할 수 있게 된다.

믿음을 가지고 있다는 것은 하나님의 말을 가지고 있다는 것이고, 하나님의 말은 세상의 말과 섞일 수 없는 완전한 세계라는 것, 우리에게 이 믿음이 분명하다면 그때부터는 하나님의 아들의 권세로 세상을 하나님의 세계로 만들어 가는 새 피조물로서의 인생만이 그가 가는 그의 길이 될 것이다.

로마서 8장

5 육신을 따르는 자는 육신의 일을, 영을 따르는 자는 영의 일을 생각 하나니

6 육신의 생각은 사망이요 영의 생각은 생명과 평안이니라

7 육신의 생각은 하나님과 원수가 되나니 이는 하나님의 법에 굴복하지 아니할 뿐 아니라 할 수도 없음이라

8 육신에 있는 자들은 하나님을 기쁘시게 할 수 없느니라

9 만일 너희 속에 하나님의 영이 거하시면 너희가 육신에 있지 아니하고 영에 있나니 누구든지 그리스도의 영이 없으면 그리스도의 사람이 아니라

11 예수를 죽은 자 가운데서 살리신 이의 영이 너희 안에 거하시면 그리스도 예수를 죽은 자 가운데서 살리신 이가

너희 안에 거하시는 그의 영으로 말미암아 너희 죽을 몸도 살리시리라

12 그러므로 형제들아 우리가 빚진 자로되 육신에게 져서 육신대로 살 것이 아니니라

13 너희가 육신대로 살면 반드시 죽을 것이로되 영으로써 몸의 행실을 죽이면 살리니

14 무릇 하나님의 영으로 인도함을 받는 사람은 곧 하나님의 아들이라

10
구원론

1

성경에서 구원은 죽은 자를 살리는 것을 의미한다. 생명이 없는 자에게 생명을 불어넣어 새롭게 태어나게 하는 것이다. 따라서 구원을 받는다는 것은 새 생명을 얻는다는 의미이며, 새 생명은 육체적 생명이 아닌 영의 생명을 말한다.

영적인 생명은 혼과 육체가 마음대로 살도록 내버려 두지 않고 반드시 다스리고 정복한다. 그러기에 육체가 속한 이 땅에서의 인생도 구원을 얻게 된다. 슬픔, 두려움, 불안, 걱정 등 인간의 모든 육체적 욕망은 성령의 능력 앞에 무릎 꿇게 되는 것이다.

그렇다고 해서 인간이 직면한 현실의 문제가 사라진다는 것이 아니라 그 문제들에 직면한 주체자가 성령이기에 그 문제들이 힘을 쓰지 못한다는 것, 그래서 믿음 안에 있는 자는 그의 모든 인생으로부터도 구원이 나타난다.

구원은 생물학적 육적 생명체가 죽은 후에 천국에 들어갈 자격을 얻는 것이 아니라, 지금 새 생명을 얻는 것이다.

구원은 지금 얻는 것이지, 죽고 나서 얻는 것이 아니다.

그 생명이 있는 자는 영원히 죽지 않는 것이다.

그 생명이 하나님 생명이기 때문이다.

그러면 "내가 구원을 받았는지 안 받았는지 어떻게 알 수 있어?" 이렇게 묻기도 한다.

구원은 이미 모든 사람에게 다 베풀어진 것이다. 받고 안 받고는 자기의 선택이다. 받는다는 것이 믿는다는 것이요, 믿는다는 것은 곧 성령의 생명으로 다시 태어났음을 믿는 것이다.

이것을 믿는 것이 복음의 비밀이다.

예수 생명으로 다시 태어났음을 받아들이는 것은 나의 생명의 죽음을 또한 받아들이는 것이며, 그때부터는 예수 생명이 나의 생명인 것이다.

이 믿음에는 인간 나 존재는 없는 것이다.

나는 분명히 있지만 성령으로 다시 태어난 것을 믿는 나로 있는 이 믿음의 탄생이 구원인 것이다.

2

영원이란 시간이 존재하지 않은 세계이다. 시간은 육신의 세계에서만 존재하는데 구원의 세계를 육신의 세계에서 찾으려 하니 언제 구원 받았는지를 묻곤 하는 것이다. 구원을 이해할 때 육신이 속한 시간개념 속에서 이해해서는 안 된다.

구원을 언제 받았느냐?

구원은 취소가 되냐?

한번 구원은 영원한 구원이냐?

이렇게 인간 육신의 세계인 시간개념 속에서 구원을 이해하기 때문에 혼돈이 생긴다.

하나님의 구원은 천지창조와 같은 것이다. 이미 끝난 사실이다. 완료된 사실.

구원은 인간이 선행을 많이 한다고 해서 얻어지는 것이 아니다. 하나님의 계명을 잘 지켜서 얻어내는 것도 아니다. 하나님의 계명은 절대로 사람이 지켜낼 수도 없는 완전한 세계이다.

구원은 이미 온 인류에게 값없이 베풀어진 사실이지 인간의 어떠한 노력의 댓가로 획득할 수 있는 정도의 크기가 아니다. 홍해를 미리 갈라놓고 누구에게나 건너가라는 것이다.

건너가고 안 가고는 자기 몫이다. 그 사실을 각 개인이 받아들이느냐 거부하느냐만 자신들에게 남아있을 뿐이다.

이집트로부터의 구원은 모두에게 이미 베풀어져 있었지만 이 믿음이 가나안에 들어갈 때까지 계속 그 믿음으로 존재했어야만 했다. 믿음은 늘 지금만 있기에 과정 속에서 믿음의 변질이 얼마든지 일어날 수 있다.

마태복음 10장 22절

또 너희가 내 이름으로 말미암아 모든 사람에게 미움을 받을 것이나 끝까지 견디는 자는 구원을 얻으리라

마대복음 24장 11절~13절

거짓 선지자가 많이 일어나 많은 사람을 미혹하겠으며
불법이 성하므로 많은 사람의 사랑이 식어지리라
그러나 끝까지 견디는 자는 구원을 얻으리라

히브리서 3장 6절

그리스도는 하나님의 집을 맡은 아들로서 그와 같이 하셨으니 우리가 소망의 확신과 자랑을 끝까지 굳게 잡고 있으면 우리는 그의 집이라

주님은 왜 끝까지 견디는 자가 구원을 얻을 것이라고 말씀하실까? 주님께서 "나만 믿으면 구원이다." 이렇게 이 말만 하면 되지, 왜 뭘 견디어 내야 구원을 얻는다고 하실까?

이것은 어떤 행위를 말하는 것이 아니다.

주님 오시는 그날까지 믿음은 늘 그 믿음이어야 한다는 것이다. 그런데 이 구원의 은혜를 언제 받았느냐, 하고 묻는다는 것은 말이 안 된다.

믿음이란 시간이 존재하지 않고 오직 지금만 있을 뿐, 과거에 아무리 믿었어도 지금 믿음이 없으면 없는 것이요, 과거에 믿음이 없었어도 지금 믿음이 있으면 있는 것이다.

지금이란 것도 시간개념으로 접근 되어서는 안 되고 그냥 있는 것이다. 시간으로 계산되어지지 않는 이 순간이며, 믿음이란 있으면 있는 것이고 없으면 없는 것이다.

믿음이란 "믿습니다"라고 고백하는 것을 말하는 것이 아니라 믿음이 있어야 믿음이다.

믿음은 생명이 증명하는 것이며 믿음은 새 생명, 즉 성령이 존재하는 것이다.

그래서 성령을 받으라고 하는 것이다.

성령을 받았는지를 어떻게 알 수 있어? 이렇게 물으면서 그에 대한 대답으로 주는 답이라는 게 정말 까무러칠 정도다.

성령체험을 해야 성령을 받은 것이란다.

어떤 체험이 성령체험인데?

온몸이 갑자기 불덩어리 같았다라든지, 갑자기 쓰러졌다든지, 자기의 죄가 더럽다는 것을 절감하며 통곡이 일어났다든지, 모든 사람이 사랑스럽게 느껴졌다느니, 환상을 보았다든지, 방언을 하게 되었다든지… 뭐 이런 체험이 있으면 성령을 받은 증거라고 가르치는 이상한 그리스도가 너무 난무한다.

그런 체험은 예수를 믿지 않아도 누구나 체험할 수 있는 것이다. 다만 예수를 부르다가 느껴지는 감정의 변화를 경험했기에 그것을 성령체험이라고 생각하는 것이다.

고도의 정신집중이 일어나면 누구나 뭔가 신비한 경험을 하게 되는 것이다. 이런 경험을 성령이라고 하면서 성령 받으라고 하는 것은 그리스도의 생명으로 거듭난 믿음의 세계를 이해하지 못하고 있기에 그러는 것이다.

성령은 인간의 감정으로 어떤 신비한 체험을 하는 것을 말하는 것이 아니다. 인간의 감정변화를 가지고 성령이라고 말하는 것은 성경의 가르침이 아니다.

성령은 하나님 자신이며 하나님의 영을 받은 것을 말한다.

갈라디아서 3장

2 내가 너희에게서 다만 이것을 알려 하노니 너희가 성령을 받은 것이 율법의 행위로냐 혹은 듣고 믿음으로냐
5 너희에게 성령을 주시고 너희 가운데서 능력을 행하시는 이의 일이 율법의 행위에서냐 혹은 듣고 믿음에서냐

하나님의 영, 다시 말해 그 생명은 오직 믿음으로 받는 것이다. 믿음 자체가 왜곡되어 있기에 믿음으로 성령을 받는다는 것이 무엇을 말하는지 모르고 있는 것이다.

3

그러니 "너는 언제 구원 받았어?" 이렇게 묻고 있는 것 자체가 모순이다. 지금 믿음이 있으면 있는 것이요, 지금 믿음이 없으면 없는 것이다.

누군가에게 자신을 믿고 있는지를 알아보려고 할 때 "너는 나를 언제 믿었어?" 이렇게 묻질 않는다.

그냥 지금으로 묻게 된다.

"너는 나를 믿어?" 이렇게 묻는다.

믿음이란 지금이 전부이다. 전에 아무리 확실하게 믿었다

고 해도 지금 믿지 못하면 믿음은 없는 것이다.

사랑도 마찬가지다. 서로 죽고 못 살아 하면서 결혼했지만, 지금 다른 여인 다른 남자를 사랑한다면 전에 아무리 사랑했다고 해서 무슨 의미인가? 지금은 그 사랑이 아닌데 말이다.

언제 예수를 영접했느냐?

언제 새 생명 받았느냐?

언제 구원받았느냐?

이런 식으로 시제를 가지고 물어서는 안 된다. 성경은 복음을 전할 때 그렇게 시제를 사용하지 않는다.

요한복음 3장 6~7절

육으로 난 것은 육이요 영으로 난 것은 영이니
내가 네게 거듭나야 하겠다 하는 말을 놀랍게 여기지 말라

영은 시제가 없는 영원의 세계이기 때문에 성경은 거듭난 성도들에게 언제 거듭났는지를 묻지 않는다.

제자들이 복음을 전하면서 어느 누구에게 당신은 언제 구원 받았습니까? 이렇게 묻는 성경구절을 본 적이 있는가?

예수 믿고 구원받아라. 성령으로 거듭나라. 거듭나야 영생이다. 이렇게 복음만 전해주고 있는 것이다.

로마서 6장 4절

그러므로 우리가 그의 죽으심과 합하여 세례를 받음으로 그와 함께 장사되었나니 이는 아버지의 영광으로 말미암아 그리스도를 죽은 자 가운데서 살리심과 같이 우리로 또한 새 생명 가운데서 행하게 하려 함이라

6절 우리가 알거니와 우리의 옛사람이 예수와 함께 십자가에 못 박힌 것은 죄의 몸이 죽어 다시는 우리가 죄에게 종노릇 하지 아니하려 함이니

갈라디아서 2장 20절

내가 그리스도와 함께 십자가에 못 박혔나니 그런즉 이제는 내가 사는 것이 아니요 오직 내 안에 그리스도께서 사시는 것이라 이제 내가 육체 가운데 사는 것은 나를 사랑하사 나를 위하여 자기 자신을 버리신 하나님의 아들을 믿는 믿음 안에서 사는 것이라

4

한 생명 안에 두 정체가 존재할 수 없다.

당신은 예수를 영접했는가? 그렇다면 자신은 죽었음을 받

아들인 것이다. 그래서 믿음에 있는 자는 그 육적 존재를 죄라고 보게 되는 것이지 육체의 소욕을 자기로 볼 수가 없는 것이다.

사도 바울의 고백을 보면 이 부분이 아주 또렷하게 나타나 있다. 물론 바울도 처음에는 이 부분이 헷갈렸던 것 같다. 내 마음이 그토록 원하는데 내가 원하는 그것은 행하지 않고 내가 원하지 않는 그것을 내가 하고 있으니 이것의 정체는 무엇인가? 새 생명의 원리를 알고 났더니 아주 시원하게 풀리게 된 것이다. 그리스도를 밀어내고 내가 주인 되려고 하는 그놈의 정체는 절대 내가 될 수 없다는 것이다.

왜냐하면 나는 이미 그리스도와 함께 십자가에 죽었고, 이제 나는 부활하신 그리스도로만 존재하는 자이기에 육적 소욕은 더 이상 내가 아니다는 것을 분명하게 알아차리게 된 것이다. 그러고 났더니 그 존재는 내가 아닌 내 속에 거하는 죄라는 놈이었다는 것이다. 육체의 소욕을 죄로 보게 되니 육체가 제멋대로 날뛰는 것을 그냥 지켜만 볼 수 없는 것이다. 다스리고 정복해야만 하는 것이다.

사실 인간 몸에 붙어 있는 수많은 습관이나 판단이나 사상, 이런 것들은 태어나면서 가져온 것들은 단 하나도 없다. 세상을 살면서 하나하나 나에게 붙은 것들이다.

이렇게 하나하나 붙으면서 조금씩 나를 형성해 간다. 먹고 활동하고, 먹고 활동하면서 자라난 이 몸부터 시작해서 생각하고, 말하고 행동하는 모든 것들이 나에게 차곡차곡 입혀진 것들이 전부이다.

그 수많은 정보들이 오랜 시간 동안 붙었다 떨어졌다가 하고 또 다른 정보를 받게 되면 그놈이 내게 와서 붙는다.

우리는 나에게 붙은 그 수많은 것들을 나로 인식하며 살아간다. 그런데 붙었다 떨어졌다 하는 것들이 왜 '나'지?

그 습관 자체가 '나'일 수는 없다. 그것을 지금 내 것으로 소유하고 받아들이고 있는 나가 있을 뿐이다.

습관이 내게 붙어 있지만 그것을 나의 것으로 받지 않는 사람은 그것을 밀어 내려고 할 것이다.

바울은 그것을 본 것이다.

나는 그리스도의 몸으로서만 존재하는 영의 존재가 나이고, 그렇지 않는 내 육체가 땅을 살면서 입력된 그 내용들이 나를 통해 나타나지만 그 모든 것들은 내가 아님을 선언하고 그것들과 싸우게 되는 것이다. 계속 내게 익숙해진 습관으로든, 일생 동안 길들여진 감정 활동이든, 내 육적 자아존재를 나로 인식하려는 생각이든….

나는 그러한 것들을 원하지 않고 있음을 보니 내 속에서 그러한 일들을 일으키는 것은 내가 아니었음을 확실하게 알게 된 것이다.

그리스도와 상관없이 나 홀로 나 존재로 존재코자 하는 이놈은 내가 아니구나.

그동안 땅의 것들이 차곡차곡 쌓여서 내 것이 되어 주인노릇 하려고 하는 이 존재는 내가 아니다.

아~ 이것이 죄이구나~

로마서 7장 18~20절

내 속 곧 내 육신에 선한 것이 거하지 아니하는 줄을 아노니 원함은 내게 있으나 선을 행하는 것은 없노라

내가 원하는 바 선은 행하지 아니하고 도리어 원하지 아니하는 바 악을 행하는도다

만일 내가 원하지 아니하는 그것을 하면 이를 행하는 자는 내가 아니요 내 속에 거하는 죄니라

나는 믿음이 있으니 성령으로 거듭났음을 믿는 것이고, 그 생명은 성령이기에 나는 성령으로만 사는 자이며 육을 따라 나타나는 것은 내가 아니라는 것, 믿음 쪽에서 보면 확실하게 보인다. 믿음 쪽에 지금 서 보라. 육적 소욕들은 내가 아

님을 고백하게 될 수밖에 없을 것이다.

육에 속한 자는 진짜 내가 아니기에 육의 소욕에게 걸려 넘어지게 되면 당연히 일어나 여전히 내가 가는 길을 간다. 그는 넘어졌다고 정죄 가운데 빠져 있을 수 없다.

육적 존재인 그가 내가 아니니 나는 왜 이것밖에 안 되나? 하며 정죄 가운데 빠져 있을 수 없는 것이다. 그렇다고 육체를 따라 살 수도 없다. 내가 아니기 때문에 나를 넘어뜨리려는 그 육적 욕망에게 나를 내어 줄 수도 없다.

사람은 사람으로 태어나서 사람으로 살아가지만 때론 강아지보다 못 한 행동을 하기도 한다. 그렇다고 자기를 강아지로 인식하는 사람은 아무도 없다. 생명의 분명한 확신이다.

성령의 생명으로 새롭게 태어난 존재는 성령의 생명이지 절대 인간 생명이 아니다.

인간 존재의 어떠한 작동들이 나를 혼란스럽게 하지만 나는 오직 새 피조물인 성령의 존재로서 그 생명으로서 땅을 살게 되는 것이다.

로마서 7장 20절

만일 내가 원하지 아니하는 그것을 하면 이를 행하는 자는 내가 아니요 내 속에 거하는 죄니라

23절 내 지체 속에서 한 다른 법이 내 마음의 법과 싸워 내 지체 속에 있는 죄의 법으로 나를 사로잡는 것을 보는 도다

성령으로 거듭났다고 하면서 인간 존재로 살아도 된다고 생각한다면 그는 성령의 생명이 아닌 것이 분명하다.

로마서 6장 1절

그런즉 우리가 무슨 말을 하리요 은혜를 더하게 하려고 죄에 거하겠느냐

2절 그럴 수 없느니라 죄에 대하여 죽은 우리가 어찌 그 가운데 더 살리요

혼과 육의 존재가 나라고 생각하고 있는 것이라면 그에게 있어 믿음은 없는 것이다. 그래서 오직 믿음 안에 거하라는 것이다.

늘 깨어 있으라고 말하는 것은 육체 가운데 있지 말고 지금 예수 생명으로 있으라는 것이다.

예수 생명과 내 육적 생명은 공존할 수 없다.

예수 생명이면 내 생명은 없는 것이다. 그냥 예수의 몸으로만 있어야 하는 것이다.

이것만이 믿음이니 이 믿음만 꼭 붙잡고 이 믿음으로만 존재하라고 하는 것이다.

깨어있으라고 하는 것은 성령으로 있으라는 것이고 성령으로 있으라는 것은 나는 죽었다는 것. '나'라는 존재 인식 자체가 삭제된 것을 말한다.

그동안 살아왔던 육적인 나는 땅으로부터 키워진 '나'이고

새 생명은 하나님으로부터 온 성령의 생명이다.

열 처녀의 비유.

미련한 다섯 처녀는 깨어 있지 못한 것이다.

기름이 다 떨어져 불이 꺼진 것이다.

불은 곧 생명이다.

성령의 생명이 아닌 인간 생명이 주인 되어 있는 것.

성령의 불, 즉 예수 생명의 소멸.

새 생명이 아닌 옛 생명의 존재.

그렇게 불이 꺼진 상태로 신랑을 기다린다?

그것이 바로 예수 생명이 아닌 내 생명으로 예수를 믿는 것이다.

그들도 신랑을 기다리긴 마찬가지였다.

신랑을 신랑으로 믿고 기다리기도 했다.

그러나 불이 꺼진 것이다.

성령의 생명이 꺼진 것이다. 나름 믿음도 있고 기다림도 있었지만 생명은 없었던 것이다.

'나의 생명의 존재로 예수를 맞이하는 믿음은 그날에 내가 너를 도무지 모른다고 하리라' 하는 심판을 면할 수가 없게 된다.

그러기에 오직 그 생명 안에 끝까지 붙어 있어 그 믿음으로만 날마다 깨어 있어야 하는 것이다.

마태복음 7장 22절

그 날에 많은 사람이 나더러 이르되 주여 주여 우리가 주의 이름으로 선지자 노릇 하며 주의 이름으로 귀신을 쫓아내며 주의 이름으로 많은 권능을 행하지 아니하였나이까 하리니

23절 그 때에 내가 그들에게 밝히 말하되 내가 너희를 도무지 알지 못하니 불법을 행하는 자들아 내게서 떠나가라 하리라

24절 그러므로 누구든지 나의 이 말을 듣고 행하는 자는 그 집을 반석 위에 지은 지혜로운 사람 같으리니

주여 주여 하면서 기도도 열심히 했고, 말씀을 열심히 선포했고, 귀신도 쫓아내며 여러 가지 권능을 행하기도 했는데 도대체 뭘 더 해야 한다는 것이지?

불법을 행하는 자라고?

어떤 행위를 했다고 불법을 행하는 자라는 것이지?

24절에 이 말을 듣고 행하는 자는 이렇게 말하니까 그들의 행함이라는 것이 하나님의 기준에는 아직은 도달되지 못한 부족함 때문이라는 것인가?

주여 주여 하면서 그렇게도 열심히 충성했는데 이만큼 열심히 하면 그래도 꽤 잘 산 것 아닌가?

이 말씀을 사람의 어떤 행위를 말하는 것으로 오해하기 때문에 이런 일이 일어나는 것이다.

성경이 말하는 행함이란 반석 위에 집을 짓는 행함을 말하는 것이다. 그리스도의 생명으로 그리스도의 몸을 이룬 그 성전이 되는 믿음이다. 어떤 이들은 온전한 믿음이란 행위를 동반해야 한다고 한다. 행함이 없는 믿음은 죽은 믿음이라고 했던 야고보 사도의 고백처럼 행함이 나타나는 것을 믿음이라고 주장하며 행함이 있어야 구원을 얻는다고 말한다. 그러면서 인간 존재의 선한 행위들을 상상한다. 복음을 생명으로 보지 못하기에 이렇게 사도들의 가르침을 오해하게 되는 것이다.

인간의 계명지킴, 인간의 노력, 인간의 발전, 인간의 성숙, 인간의 성화. (인간은 거룩해 질수가 없다. 인간의 성화라는 말은 틀린 말이다.) 강아지를 사람처럼 키우고 사람 연습을 시킨다고 사람이 되겠는가? 사람으로서는 결코 성령의 뜻을 따라 살 수가 없는 것이다. 과연 당신이 인간의 행함으로 하나님께 이를 수 있다고 생각하는가? 그게 바리새인의 믿음이다.

집을 나간 둘째 아들이 아버지 품으로 돌아오는 행위를 가지고 믿음으로 볼 것이냐, 행함으로 볼 것이냐?

아버지의 품으로 돌아오는 것은 믿음의 소유이다.

행함을 말하는 이들의 행함이란 하나님의 계명지킴을 말하고 있는 것인데 그들의 삶이 얼마나 달라졌느냐?

얼마나 욕심을 버리게 되었느냐?

기도생활을 얼마나 열심히 했느냐?

전도를 열심히 했느냐?

사람들을 얼마나 배려하고 잘 섬기느냐?

자기 자신을 얼마나 희생시키느냐?

뭐 이런 행함을 말하고 있는 것이다.

돌아온 둘째 아들로 비유하자면 둘째 아들이 돌아왔으니

이제부터 아버지 말씀을 얼마나 잘 지켰는지를 평가해서 아들로 받아 줄지 말지를 결정하는 것과 같은 것이지 않을까?

믿음에 대해서 이렇게 접근하니까 구원론 논쟁은 절대로 끝날 수 없다.

5

구원이란 이미 끝이 난 사실이다. 그것을 믿으면 구원이고 믿음이 없으면 구원이 없는 것이다.

믿음은 영의 세계이기에 과거, 현재, 미래가 없다. 그냥 지금 이 순간뿐인데 이 순간도 시간 개념이 없는 이 순간이다. 성령의 생명이 '나'임을 믿고 그 믿음 안에 내가 있는 것이다. 그러면 거기에는 성령이 주인이고, 성령이 생명의 주체자이고, 성령이 생각과 의지를 가지고 나라는 인간을 그릇 삼아 거하시는 것이다. 그 자리가 구원의 자리이다.

영원한 지금만 있기에 늘 깨어 있으라는 것이다.

성령의 존재로 있는 것을 깨어 있다고 말하는 것이고, 이 깨어 있음이 곧 순종이다.

이것만을 자신으로 인정하는 믿음의 선언과 그 믿음 안에 있는 것을 순종이라고 한다.

인간인 내가 얼마나 계명을 잘 지켜 행하느냐를 순종이라고 하는 것이 아니다.

하나님은 사람에게 순종을 요구하지 않으며, 하나님은 사람에게 하나님의 계명을 지키라고 하지 않는다. 사람은 생명이 죽은 상태인데 죽어 있는 자에게 무엇을 이루라고 하시는 하나님? 뭔가 이상하지 않나?

생명이 없는 죽어 있는 자에게는 생명을 주시는 것이다. 그들에게는 오직 복음, 오직 값없이 주는 은혜, 새 생명, 즉 예수 생명을 받으라고 하신다. 다시 태어나게 하는 은혜만을 주신다.

순종은 새 생명인 자기 아들들에게 요구하시는 것이다.

그 생명 가운데 있어라.

오직 그 은혜 안에 머물러 있으라.

구원 가운데 머물러 있으라는 것.

그 아들 생명으로만 존재하라는 것이다.

아들의 생명 나무에 그 가지로서 꼭 붙어 있으라.

이것은 지금 그 은혜 안에 머물러 있어야지 어제의 믿음이 지금을 지켜 주는 것이 아니다. 한번 구원은 영원한 구원, 구원은 취소되지 않는다. 이러한 말들이 절대 나와서는 안 되는 것이다.

오직 믿음으로 구원을 얻는 것은 사실이지만 이 믿음을 완료된 것으로 생각하는 이들이 대부분일 것으로 생각한다.

이것이 문제다.

"다 이루었다."

주님께서 이렇게 완료해 놓으신 것은 사실이다.

그런데 주께서 이루신 완료를 가지고 나의 믿음까지 완료시켜 버린다. 나의 믿음의 여정은 아직 진행 중에 있는 것이지 완료된 것이 아니다. 믿음에는 완료가 없다. 인생이라는 광야기간 내내 그 믿음이 지켜져야 한다.

늘 지금만 있는 것이다.

그런데 자기 믿음의 여정 가운데서도 완료된 것으로 여기기 때문에 구원은 취소될 수 있다, 없다. 이러한 말들을 하는 것이다. 날마다 그 믿음으로 깨어 있어야 한다. 그 믿음이란 그 생명으로 존재하는 것을 말한다.

홍해를 건널 때 가졌던 믿음이 요단강을 건널 때도 그 믿음이어야 하는 것이다. 그런데 홍해를 건널 때 그 믿음이 요단강 앞에 서기 전에 이미 변질이 생겨버린 것이다. 이 땅에서 믿음 지키기는 그날까지 계속되는 것이기에 날마다 그 믿음으로만 서 있어야 하는 것이고, 날마다 구원을 이루어야 하는 것이다. 그래서 늘 깨어 있으라고 하는 것이다.

히브리서 3장

6 그리스도는 하나님의 집을 맡은 아들로서 그와 같이 하셨으니 우리가 소망의 확신과 자랑을 끝까지 굳게 잡고 있으면 우리는 그의 집이라

7 그러므로 성령이 이르신 바와 같이 오늘 너희가 그의 음성을 듣거든

8 광야에서 시험하던 날에 거역하던 것 같이 너희 마음을 완고하게 하지 말라

9 거기서 너희 열조가 나를 시험하여 증험하고 사십 년 동안 나의 행사를 보았느니라

10 그러므로 내가 이 세대에게 노하여 이르기를 그들이 항상 마음이 미혹되어 내 길을 알지 못하는도다 하였고

11 내가 노하여 맹세한 바와 같이 그들은 내 안식에 들어오지 못하리라 하였다 하였느니라

12 형제들아 너희는 삼가 혹 너희 중에 누가 믿지 아니하는 악한 마음을 품고 살아 계신 하나님에게서 떨어질까 조심할 것이요

13 오직 오늘이라 일컫는 동안에 매일 피차 권면하여 너희 중에 누구든지 죄의 유혹으로 완고하게 되지 않도록 하라

14 우리가 시작할 때에 확신한 것을 끝까지 견고히 잡고

있으면 그리스도와 함께 참여한 자가 되리라

살아계신 하나님에게서 떨어질까 조심하라고 하신다.

시작할 때 확신한 것을 끝까지 잡고 있으라고 하신다.

"오늘이라 일컫는 동안에 피차 권면하여~"

믿음은 늘 오늘이다.

우리의 믿음은 늘 지금 지켜져야 하는 것이지 언젠가 믿었다고 이미 구원을 받아놓은 것처럼 복음을 변질시켜서는 안 될 것이다.

우리의 믿음의 여정은 아직 완료되지 않은 광야기간인 것이다. 날마다 그 믿음만 붙잡고 끝내 승리를 이루어 내야 하는 싸움의 기간인 것이기에 늘 깨어 있으라고 하는 것이다.

이것을 모르니 한번 구원받으면 구원은 취소가 되지 않는다고 하는 성경에도 없는 이상한 교리를 만들게 되는 것이다. 새 생명이 무엇인지를 명확히 모르기 때문이라고 생각한다.

하나님의 아들 생명은 육체의 욕망을 주인 삼아 육체가 요구하는 대로 사는 것을 거부한 믿음의 아들이다.

육의 소욕에게 결코 내어줄 수 없고, 육신의 정욕과 안목의 정욕과 이생의 자랑들은 절대 용납할 수 없는 거룩한 생명의 땅 살기인 것이다.

그 믿음, 그 생명, 그 성령으로 주님 앞에 설 때까지 늘 깨어 있어야 하는 것이다.

마태복음 24장 42절

그러므로 깨어 있으라 어느 날에 너희 주가 임할는지 너희가 알지 못함이니라

마태복음 25장 13절

그런즉 깨어 있으라 너희는 그날과 그때를 알지 못하느니라

마가복음 13장 35절

그러므로 깨어 있으라 집주인이 언제 올는지 혹 저물 때일는지, 밤중 일는지, 닭 울 때일른지, 새벽일는지 너희가 알지 못함이라

누가복음 12장

36 너희는 마치 그 주인이 혼인 집에서 돌아와 문을 두드리면 곧 열어 주려고 기다리는 사람과 같이 되라
37 주인이 와서 깨어 있는 것을 보면 그 종들은 복이 있으리로다 내가 진실로 너희에게 이르노니 주인이 띠를 띠고

그 종들을 자리에 앉히고 나아와 수종들리라

38 주인이 혹 이경에나 혹 삼경에 이르러서도 종들이 그같이 하고 있는 것을 보면 그 종들은 복이 있으리로다

39 너희도 아는 바니 집주인이 만일 도둑이 어느 때에 이를 줄 알았더라면 그 집을 뚫지 못하게 하였으리라

40 그러므로 너희도 준비하고 있으라 생각하지 않은 때에 인자가 오리라 하시니라

베드로전서 5장 8절

근신하라 깨어라 너희 대적 마귀가 우는 사자 같이 두루 다니며 삼킬 자를 찾나니

에베소서 6장 13절

그러므로 하나님의 전신 갑주를 취하라 이는 악한 날에 너희가 능히 대적하고 모든 일을 행한 후에 서기 위함이라

베드로전서 1장

13 그러므로 너희 마음의 허리를 동이고 근신하여 예수 그리스도께서 나타나실 때에 너희에게 가져다 주실 은혜를 온전히 바랄지어다

14 너희가 순종하는 자식처럼 전에 알지 못할 때에 따르던 너희 사욕을 본받지 말고

15 오직 너희를 부르신 거룩한 이처럼 너희도 모든 행실에 거룩한 자가 되라

16 기록되었으되 내가 거룩하니 너희도 거룩할지어다 하셨느니라

17 외모로 보시지 않고 각 사람의 행위대로 심판하시는 이를 너희가 아버지라 부른즉 너희가 나그네로 있을 때를 두려움으로 지내라

요한일서 2장

4 그를 아노라 하고 그의 계명을 지키지 아니하는 자는 거짓말하는 자요 진리가 그 속에 있지 아니하되

5 누구든지 그의 말씀을 지키는 자는 하나님의 사랑이 참으로 그 속에서 온전하게 되었나니 이로써 우리가 그의 안에 있는 줄을 아노라

6 그의 안에 산다고 하는 자는 그가 행하시는 대로 자기도 행할지니라

11
예수를 믿어도 구원이 없다

예수를 믿으면 구원을 얻는다고 생각한다.

그런데 그렇지 않다. 예수를 믿어도 구원이 없다.

예수가 십자가에서 나의 죄를 다 갚았기 때문에 그것을 믿음으로 나는 구원을 얻는다.

이렇게 생각한다.

그렇다면 질문 하나 하겠다.

그것만 믿으면 내가 어떻게 살아도 구원을 얻는다는 것인가?

사람들을 미워하고, 사람들을 괴롭히고, 남의 것을 빼앗고, 나와는 다른 교리를 가졌다고 죽이고 등등.

어떤 짓을 해도 예수 십자가의 죽음으로 내 죄는 용서 받았다고 믿으면 그에게 구원이 있다는 것인가?

그러면 그렇게 답할 것이다.

그건 아니지??

말로만 믿는 것이니까 그렇지??

진실로 믿어야 믿음이지~

그렇다. 진짜 믿음이어야 하는 것이다.

그래서 성경은 진정한 믿음이 무엇인지를 분명하게 말씀하고 있는 것이다.

요한복음 1장 12절

영접하는 자 곧 그 이름을 믿는 자들에게는 하나님의 자녀가 되는 권세를 주셨으니

요한복음 3장 5절

사람이 물과 성령으로 나지 아니하면 하나님의 나라에 들어갈 수 없느니라.

요한복음 6장 53절

내가 진실로 진실로 너희에게 이르노니 인자의 살을 먹지 아니하고 인자의 피를 마시지 아니하면 너희 속에 생명이 없느니라

성경에서 믿음을 말할 때 단순히 십자가에서 내 죄를 용서했다. 그것만 믿으면 구원을 얻는다고 말하고 있는 것이 아니다.

이 믿음은 참된 믿음이 아니라 자기 믿음일 수 있다. 믿음은 내 안에 있는 생명으로 증거되어야 한다. 그 생명은 내 육신의 생명이 아니라 성령의 생명이어야 한다.

"나는 십자가의 은혜로 구원받았어라고 생각하는 것이 믿음이 아니라 예수 생명이 나의 생명이어야 믿음이다.

처녀가 결혼을 해서 한 남자의 씨를 받아 새 생명이 탄생한다. 새 생명은 반드시 씨가 자기 안에 들어와야 만이 새 생명이 생겨나게 되는 것이다.

하나님의 씨와 자기와 완전히 연합됨으로 태어나는 존재, 그가 믿음의 아들이다.

"영접하는 자 곧 그 이름을 믿는 자"

성경은 이렇게 믿는 것과 영접하는 것을 동일시하고 있다. 성경이 말하는 믿음이란 영접하는 것을 말한다.

영접이란 예수 생명을 받아들이는 것이고, 예수의 씨가 자신의 밭에 떨어져야 비로소 생명 탄생이 일어나게 되는데 그 때 하나님의 아들이 탄생하게 되는 것이다. 이 아들이 믿음의 아들이다.

한 여인이 남편의 씨를 받아 아들이 탄생하게 되는 것, 그 아들은 나도 아니고 남편도 아닌 완전히 새로운 존재다. 예수의 피를 받아 새 생명으로 탄생된 하나님의 아들의 영인 새 피조물 그 자체이다. 전의 내 생명과 적절히 섞여있는 어떤 신앙인을 새 피조물이라 하는 것이 아니다. 나의 믿음의 고백을 따라 그리스도의 피로 새로운 생명이 탄생된 그 실체, 그리스도의 생명인자로 탄생된 그 존재.

그에게 생명, 즉 구원이 있는 것이다.

믿음의 자녀는 그렇게 신랑의 씨를 받아서 새 생명을 탄생시킨 자들인 것이다.

믿음으로 그 아들을 낳은 것이다. 그 아들이 바로 성령으로 거듭난 '나'인 것이다. 그러니 이전에 늘 나로 인식해 오던 그 존재는 이미 죽었다고 고백하게 된다. 예수를 영접함으로 예수의 씨를 통해 새 생명이 탄생되었으니 전에 있었던 나는 새 생명의 내가 아니기에 죽었다고 하는 것이고, 우리는 늘 나로 인식하며 살아왔던 이전의 내 생명인자로 하나님을 위해 신앙하는 것이 아니다.

예수를 영접할 때 그는 죽고 예수의 씨를 영접함으로 새 생명이 탄생한 것이다. 믿음이 자라나는 것은 신랑의 씨를 받아 태어난 그 아들이 하나님의 아들로서 점점 자라나는 것이다. 이것이 믿음의 자녀들의 이 땅 살기인 것이다. 이 생명은 혈과 육으로 탄생된 땅의 생명이 아니다. 아버지의 영으로 태어난 영생하는 성령의 생명인 것이다.

하나님의 아들 생명이 살아있으면 그 생명이 자라날 것이다. 믿음 안에 있으면 나로부터 나오는 모든 것은 죽었던 옛 사람일 뿐이다. 이것이 믿음으로 고백이 되어져야 한다.

로마서 6장 6절

우리가 알거니와 우리의 옛사람이 예수와 함께 십자가에 못 박힌 것은 죄의 몸이 죽어 다시는 우리가 죄에게 종노릇 하지 아니하려 함이니

2

그런데 믿음을 설명할 때 구원을 위한 믿음과 삶을 살아가기 위한 믿음은 다르다고 말하는 사람들이 있다. 그러나 그렇지 않다. 거듭난 생명이란 구원받는 믿음을 말하고, 거듭난 생명은 성령으로 거듭난 새 생명을 말하므로 성령을 따라 사는 삶이 곧 믿음의 삶이다.

자신의 뜻대로 살면서 이미 구원을 받았다고 생각하는 것

은 하나님 아들의 생명과는 상관없는 자신의 믿음, 즉 거짓 믿음이다.

히브리서 3장

6 그리스도는 하나님의 집을 맡은 아들로서 그와 같이 하셨으니 우리가 소망의 확신과 자랑을 끝까지 굳게 잡고 있으면 우리는 그의 집이라

7 그러므로 성령이 이르신 바와 같이 오늘 너희가 그의 음성을 듣거라

8 광야에서 시험하던 날에 거역하던 것 같이 너희 마음을 완고하게 하지 말라

9 거기서 너희 열조가 나를 시험하여 증험하고 사십 년 동안 나의 행사를 보았느니라

10 그러므로 내가 이 세대에게 노하여 이르기를 그들이 항상 마음이 미혹되어 내 길을 알지 못하는도다 하였고

11 내가 노하여 맹세한 바와 같이 그들은 내 안식에 들어오지 못하리라 하였다 하였느니라

12 형제들아 너희는 삼가 혹 너희 중에 누가 믿지 아니하는 악한 마음을 품고 살아계신 하나님에게서 떨어질까 조심할 것이요

13 오직 오늘이라 일컫는 동안에 매일 피차 권면하여 너희 중에 누구든지 죄의 유혹으로 완고하게 되지 않도록 하라

14 우리가 시작할 때에 확신한 것을 끝까지 견고히 잡고 있으면 그리스도와 함께 참여한 자가 되리라

믿음은 생명으로 설명되어지는 것이기에 구원받는 믿음이 곧 삶으로 나타나는 믿음이다.

예수님이 믿음에 대해 말씀하실 때, 구원받는 믿음과 삶을 살아갈 때, 믿음이 서로 다른 것으로 말씀하신 적이 없다.

마태복음 19장

16 어떤 사람이 주께 와서 이르되 선생님이여 내가 무슨 선한 일을 하여야 영생을 얻으리이까

17 예수께서 이르시되 어찌하여 선한 일을 내게 묻느냐 선한 이는 오직 한 분이시니라 네가 생명에 들어가려면 계명들을 지키라

18 이르되 어느 계명이오니이까 예수께서 이르시되 살인하지 말라, 간음하지 말라, 도둑질하지 말라, 거짓 증언하지 말라

19 네 부모를 공경하라, 네 이웃을 네 자신과 같이 사랑하

라 하신 것이니라

20 그 청년이 이르되 이 모든 것을 내가 지키었사온대 아직도 무엇이 부족하니이까

21 예수께서 이르시되 네가 온전하고자 할진대 가서 네 소유를 팔아 가난한 자들에게 주라 그리하면 하늘에서 보화가 네게 있으리라 그리고 와서 나를 따르라 하시니

22 그 청년이 재물이 많으므로 이 말씀을 듣고 근심하며 가니라

23 예수께서 제자들에게 이르시되 내가 진실로 너희에게 이르노니 부자는 천국에 들어가기가 어려우니라

24 다시 너희에게 말하노니 낙타가 바늘귀로 들어가는 것이 부자가 하나님의 나라에 들어가는 것보다 쉬우니라 하시니

구원받는 믿음과 삶으로 살아내는 믿음은 같은 것이다.

한 존재 안에 두 생명의 정체는 존재할 수 없다.

믿음은 새 생명만이 믿음인 것이다.

예수께서 "인자의 살을 먹지 아니하고 인자의 피를 마시지 아니하면 너희 속에 생명이 없다" 이렇게 말씀하신 이유를 이제는 알 것이다.

3

예수는 신랑이고, 교회는 신부라고 한다.

신랑과의 연합이 아닌, 신랑의 씨가 아닌 엉뚱한 남자의 씨를 받는 것을 음란이라 한다.

믿음을 분명히 고백하고 신랑을 영접했다고 하는 교회가 땅의 씨를 받아서 땅의 열매를 맺히는 것, 그것을 음란이라고 하는 것이다. 믿음의 고백이 있다면 이 음란을 조심해야 하는 것이다.

야고보서 4장 4절

간음한 여인들아 세상과 벗된 것이 하나님과 원수됨을 알지 못하느냐 그런즉 누구든지 세상과 벗이 되고자 하는 자는 스스로 하나님과 원수 되는 것이니라

땅으로부터 치고 들어온 엉뚱한 남자의 소리, 그것이 육신의 정욕, 안목의 정욕, 이생의 자랑, 세상의 염려, 세상을 향해 세상의 소리를 듣고 세상을 살아가는 것.

그가 믿음의 아들이 분명하면 이러한 것이 음란이라는 것을 알고 있기에 그것을 물리치려고 할 것이다. 믿음이 분명

하지 않는 자는 이것을 음란이라 여기지 않는다. 그는 원래부터 세상이 그의 신랑이었던 것이다. 교회를 다니고 있다고 해도 새 생명을 받지 않은 자기 믿음은 여전히 세상과 결혼한 자이다.

그러나 믿음이 분명하면 음란을 조심해야 한다.

내가 주인되어 나의 세상살이, 나의 안정, 나의 일, 나의 필요, 나의 평안, 이러한 것들이 음란한 자식을 낳고자 하는 것이다. 이렇게 나로부터 나타나는 것들을 붙들고 아무렇지도 않게 당연하게 살아가는 자라면 그의 실제는 자기 생명이지 성령의 생명이라고 볼 수 없을 것이다.

우리의 믿음이 분명하고 확실해도 사탄은 우는 사자와 같이 삼킬 자를 두루 찾는다.

믿음의 생명을 사탄에게 내어주고 그렇게 음란하게 살아도 되는 것처럼 믿음을 변질시켜서는 안 된다.

우리는 늘 영적 음란의 유혹에 노출되어 있으며 육으로부터 오는 남자의 소리를 듣고 따라갈 때가 많다. 누구도 그런 음란한 행동에서 자유로울 수 없지만, 그렇다고 해서 자신이 머리가 되어 자신만의 세상에서 살아도 괜찮다는 식으로 신앙을 왜곡해서는 안 된다.

믿음으로 태어난 새 생명은 성령의 에너지가 활동하는 영적 실체이기 때문에 인간 육신의 세계가 주장하는 것을 가만히 지켜볼 수 없다. 오직 성령에 의해서만 통제받고, 조종받고, 다듬어지고 성숙되어야 한다. 그것이 믿음의 증거다.

하늘의 영적 에너지를 통해 지상 세계를 다스리고 정복하는 것이 하나님께서 이 땅을 창조하신 의도였다.

갈라디아서 6장 8절

자기의 육체를 위하여 심는 자는 육체로부터 썩어질 것을 거두고 성령을 위하여 심는 자는 성령으로부터 영생을 거두리라

마태복음 25장

1 그때에 천국은 마치 등을 들고 신랑을 맞으러 나간 열 처녀와 같다 하리니

2 그 중의 다섯은 미련하고 다섯은 슬기 있는 자라

3 미련한 자들은 등을 가지되 기름을 가지지 아니하고

4 슬기 있는 자들은 그릇에 기름을 담아 등과 함께 가져갔더니

5 신랑이 더디 오므로 다 졸며 잘새

6 밤중에 소리가 나되 보라 신랑이로다 맞으러 나오라 하

매
7 이에 그 처녀들이 다 일어나 등을 준비할새
8 미련한 자들이 슬기 있는 자들에게 이르되 우리 등불이 꺼져가니 너희 기름을 좀 나눠 달라하거늘
9 슬기 있는 자들이 대답하여 이르되 우리와 너희가 쓰기에 다 부족할까 하노니 차라리 파는 자들에게 가서 너희 쓸 것을 사라하니
10 그들이 사러 간 사이에 신랑이 오므로 준비하였던 자들은 함께 혼인 잔치에 들어가고 문은 닫힌지라
11 그 후에 남은 처녀들이 와서 이르되 주여 주여 우리에게 열어 주소서
12 대답하여 이르되 진실로 너희에게 이르노니 내가 너희를 알지 못하노라 하였느니라
13 그런즉 깨어 있으라 너희는 그날과 그때를 알지 못하느니라
14 또 어떤 사람이 타국에 갈 때 그 종들을 불러 자기 소유를 맡김과 같으니
15 각각 그 재능대로 한 사람에게는 금 다섯 달란트를, 한 사람에게는 두 달란트를, 한 사람에게는 한 달란트를 주고 떠났더니

16 다섯 달란트 받은 자는 바로 가서 그것으로 장사하여 또 다섯 달란트를 남기고

17 두 달란트 받은 자도 그 같이 하여 또 두 달란트를 남겼으되

18 한 달란트 받은 자는 가서 땅을 파고 그 주인의 돈을 감추어 두었더니

19 오랜 후에 그 종들의 주인이 돌아와 그들과 결산할새

20 다섯 달란트 받았던 자는 다섯 달란트를 더 가지고 와서 이르되 주인이여 내게 다섯 달란트를 주셨는데 보소서 내가 또 다섯 달란트를 남겼나이다

21 그 주인이 이르되 잘하였도다 착하고 충성된 종아 네가 적은 일에 충성하였으매 내가 많은 것을 네게 맡기리니 네 주인의 즐거움에 참여할지어다 하고

22 두 달란트 받았던 자도 와서 이르되 주인이여 내게 두 달란트를 주셨는데 보소서 내가 또 두 달란트를 남겼나이다

23 그 주인이 이르되 잘하였도다 착하고 충성된 종아 네가 적은 일에 충성하였으매 내가 많은 것을 네게 맡기리니 네 주인의 즐거움에 참여할지어다 하고

24 한 달란트 받았던 자는 와서 이르되 주인이여 당신은

굳은 사람이라 심지 않은 데서 거두고 헤치지 않은 데서 모으는 줄을 내가 알았으므로

25 두려워하여 나가서 당신의 달란트를 땅에 감추어 두었었나이다 보소서 당신의 것을 가지셨나이다

26 그 주인이 대답하여 이르되 악하고 게으른 종아 나는 심지 않은 데서 거두고 헤치지 않은 데서 모으는 줄로 네가 알았느냐

27 그러면 네가 마땅히 내 돈을 취리하는 자들에게나 맡겼다가 내가 돌아와서 내 원금과 이자를 받게 하였을 것이니라 하고

28 그에게서 그 한 달란트를 빼앗아 열 달란트 가진 자에게 주라

29 무릇 있는 자는 받아 풍족하게 되고 없는 자는 그 있는 것까지 빼앗기리라

30 이 무익한 종을 바깥 어두운 데로 내쫓으라 거기서 슬피 울며 이를 갈리라 하니라

31 인자가 자기 영광으로 모든 천사와 함께 올 때에 자기 영광의 보좌 에 앉으리니

32 모든 민족을 그 앞에 모으고 각각 구분하기를 목자가 양과 염소를 구분하는 것 같이 하여

33 양은 그 오른편에 염소는 왼편에 두리라
34 그때에 임금이 그 오른편에 있는 자들에게 이르시되 내 아버지께 복 받을 자들이여 나아와 창세로부터 너희를 위하여 예비된 나라를 상속받으라
35 내가 주릴 때에 너희가 먹을 것을 주었고 목마를 때에 마시게 하였고 나그네 되었을 때에 영접하였고
36 헐벗었을 때에 옷을 입혔고 병들었을 때에 돌보았고 옥에 갇혔을 때에 와서 보았느니라
37 이에 의인들이 대답하여 이르되 주여 우리가 어느 때에 주께서 주리신 것을 보고 음식을 대접하였으며 목마르신 것을 보고 마시게 하였나이까
38 어느 때에 나그네 되신 것을 보고 영접하였으며 헐벗으신 것을 보고 옷 입혔나이까
39 어느 때에 병드신 것이나 옥에 갇히신 것을 보고 가서 뵈었나이까 하리니
40 임금이 대답하여 이르시되 내가 진실로 너희에게 이르노니 너희가 여기 내 형제 중에 지극히 작은 자 하나에게 한 것이 곧 내게 한 것이니라 하시고
41 또 왼편에 있는 자들에게 이르시되 저주를 받은 자들아 나를 떠나 마귀와 그 사자들을 위하여 예비된 영원한 불에

들어가라

42 내가 주릴 때에 너희가 먹을 것을 주지 아니하였고 목마를 때에 마시게 하지 아니하였고

43 나그네 되었을 때에 영접하지 아니하였고 헐벗었을 때에 옷 입히지 아니하였고 병들었을 때와 옥에 갇혔을 때에 돌보지 아니하였느니라 하시니

44 그들도 대답하여 이르되 주여 우리가 어느 때에 주께서 주리신 것이나 목마르신 것이나 나그네 되신 것이나 헐벗으신 것이나 병드신 것이나 옥에 갇히신 것을 보고 공양하지 아니하더이까

45 이에 임금이 대답하여 이르시되 내가 진실로 너희에게 이르노니 이 지극히 작은 자 하나에게 하지 아니한 것이 곧 내게 하지 아니한 것이니라 하시리니

46 그들은 영벌에, 의인들은 영생에 들어가리라 하시니라

로마서 6장

5 만일 우리가 그의 죽으심과 같은 모양으로 연합한 자가 되었으면 또한 그의 부활과 같은 모양으로 연합한 자도 되리라

6 우리가 알거니와 우리의 옛 사람이 예수와 함께 십자가

에 못 박힌 것은 죄의 몸이 죽어 다시는 우리가 죄에게 종노릇 하지 아니하려 함이니

7 이는 죽은 자가 죄에서 벗어나 의롭다하심을 얻었음이라

8 만일 우리가 그리스도와 함께 죽었으면 또한 그와 함께 살 줄을 믿노니

11 이와 같이 너희도 너희 자신을 죄에 대하여는 죽은 자요 그리스도 예수 안에서 하나님께 대하여는 살아있는 자로 여길지어다

12 그러므로 너희는 죄가 너희 죽을 몸을 지배하지 못하게 하여 몸의 사욕에 순종하지 말고

13 또한 너희 지체를 불의의 무기로 죄에게 내주지 말고 오직 너희 자신을 죽은 자 가운데서 다시 살아난 자 같이 하나님께 드리며 너희 지체를 의의 무기로 하나님께 드리라

16 너희 자신을 종으로 내주어 누구에게 순종하든지 그 순종함을 받는 자의 종이 되는 줄을 너희가 알지 못하느냐 혹은 죄의 종으로 사망에 이르고 혹은 순종의 종으로 의에 이르느니라

22 그러나 이제는 너희가 죄로부터 해방되고 하나님께 종이 되어 거룩함에 이르는 열매를 맺었으니 그 마지막은 영

생이라

베드로전서 1장

13 그러므로 너희 마음의 허리를 동이고 근신하여 예수 그리스도께서 나타나실 때에 너희에게 가져다 주실 은혜를 온전히 바랄지어다

14 너희가 순종하는 자식처럼 전에 알지 못할 때에 따르던 너희 사욕을 본받지 말고

15 오직 너희를 부르신 거룩한 이처럼 너희도 모든 행실에 거룩한 자가 되라

16 기록되었으되 내가 거룩하니 너희도 거룩할지어다 하셨느니라

17 외모로 보시지 않고 각 사람의 행위대로 심판하시는 이를 너희가 아버지라 부른즉 너희가 나그네로 있을 때를 두려움으로 지내라

마태복음 5장

20 내가 너희에게 이르노니 너희 의가 서기관과 바리새인보다 더 낫지 못하면 결코 천국에 들어가지 못하리라

12
예수는 사람을 죽인다

예수님이 이 땅에 오신 목적이 사람을 구원하기 위해서 오신 것인데 예수님의 구원은 사람을 살리는 것이 아니라 사람을 죽인다. 사람이 죽어야 예수 생명을 받아 하나님의 아들로 다시 태어나기 때문이다.

요한복음 3장 6~7절

육으로 난 것은 육이요 영으로 난 것은 영이니
내가 네게 거듭나야 하겠다 하는 말을 놀랍게 여기지 말라

이렇게 하나님의 아들로 다시 태어남을 얻는 것을 구원이라고 한다. 다시 태어나려면 반드시 죽음이 전제가 되어야 한다.

로마서 6장 4절

그러므로 우리가 그의 죽으심과 합하여 세례를 받음으로 그와 함께 장사되었나니 이는 아버지의 영광으로 말미암아 그리스도를 죽은 자 가운데서 살리심과 같이 우리로 또한 새 생명 가운데서 행하게 하려 함이라

5절 만일 우리가 그의 죽으심과 같은 모양으로 연합한 자가 되었으면 또한 그의 부활과 같은 모양으로 연합한 자도 되리라

6절 우리가 알거니와 우리의 옛사람이 예수와 함께 십자가에 못 박힌 것은 죄의 몸이 죽어 다시는 우리가 죄에게 종노릇 하지 아니하려 함이니

7절 이는 죽은 자가 죄에서 벗어나 의롭다 하심을 얻었음이라

8절 만일 우리가 그리스도와 함께 죽었으면 또한 그와 함께 살 줄을 믿노니

누군가 예수를 믿어 구원받았다고 말하면서도 자신의 인간적인 삶이 죽었다는 것을 모른다면, 그는 예수를 믿어 구원받았다는 복음이 무엇을 말하는지 정확히 알지 못하는 것이다.

예수님을 믿는다는 것은 나의 죽음을 선언하고 예수의 피로, 완전히 새로운 생명으로 다시 태어났다는 것을 믿는 것을 의미한다.

이 새 생명은 예수 생명을 말한다.

예수의 피, 즉 하나님의 생명인자를 받은 새 생명이다.

정확히 말하면 새 생명이 내 안에 들어와서 내게 붙어 있다는 뜻이 아니라, 내가 예수님의 생명과 연합되었다는 뜻이다. 즉 내가 하나님의 아들 예수의 생명, 즉 예수 나무의 가지로 접붙임을 받았다는 뜻이다.

로마서 11장

23 그들도 믿지 아니하는 데 머무르지 아니하면 접붙임을 받으리니 이는 그들을 접붙이실 능력이 하나님께 있음이라
24 네가 원 돌감람나무에서 찍힘을 받고 본성을 거슬러 좋은 감람나무에 접붙임을 받았으니 원 가지인 이 사람들이야 얼마나 더 자기 감람나무에 접붙이심을 받으랴

이 초대에 내가 응한 것이 각자의 믿음의 고백인 것이다. 예수의 구원은 나의 죽음과 함께 주어지는 것이다.

예수는 인간을 살리기 위해 이 땅에 오신 것이 아니라 인

간을 죽이기 위해 이 땅에 오신 것이다.

예수를 믿는다는 것은 곧 나의 죽음 선언이기에 예수를 믿는다고 고백을 한다면 육적 나 중심의 모든 것은 다 끝이 났다는 것을 알아야 한다. 끝이 났다면 다시는 돌이킬 수가 없다.

죽은 자가 다시 살아날 수 없듯이 예수를 영접한 자는 전의 내 생명은 이미 끝이 났음의 선언이요, 다시 그 존재를 살려낼 수 없는 새 피조물인 새 생명으로서의 존재이기에 이전의 나 존재는 죽었음을 시인하는 것이다.

그동안 세상에서 보고, 듣고, 배우고 알았던 모든 지식의 세계가 끝이 났다는 것이며, 그동안 나라는 존재가 주인이 되어 나의 뜻을 세워 내 인생을 계획하고 추진했던 그 존재는 이미 끝이 났다는 것이다. 나의 생각과 나의 판단, 나의 감정, 나의 관심, 나의 의미 등이 모든 것들이 이미 다 끝이 났다는 것이다.

믿음이란 이미 죽었음의 선언이기에 이제는 내가 사는 것이 아니요, 내 안에 사는 이가 예수라고 고백하는 것이다.

당신은 과연 이것이 믿어지는가?

죽은 자에게서 나올 수 있는 것은 단 한 가지밖에 없다.

시체 썩는 냄새.

죽은 자는 생각도 없고 말도 없다.

아무런 의지도 없다.

아직도 산 자가 되어 자기 의지로 뭔가를 만들어 가고, 무슨 행동을 하고, 어떤 뜻을 품고 자기의 존재를 통해 의미를 찾고 보람을 찾는다면 그는 새 생명과는 상관이 없는 땅의 생명일 뿐이다.

자신이 예수 안에서 예수와 함께 십자가에 죽었음을 믿는 자라면 그의 죽은 육체로부터 나오는 모든 것은 시체 썩는 냄새일 뿐이다. 이것만이 믿음인 것이다.

믿음이란 자기를 부인한 그 자리에서 시작된다.

믿음이란 자기라는 존재 자체가 없는 것이다.

믿음이란 영화로운 주의 몸으로 새롭게 태어났음을 믿는 것이다.

이 선언만이 믿음인데 이상하게도 예수 그리스도가 나를 위해 죽어 주셨기 때문에 나는 구원을 얻는다고 생각하면서 여전히 자기는 육적 존재로서 자기의 인생을 살아간다.

그러면서 오히려 자기 인생을 도와달라고 기도한다.

믿음의 세계가 분명하면 그때부터 물음이 생겨나게 된다.

그러면 아직도 시퍼렇게 살아 존재하는 이 육의 세계는 뭐지? 하는 물음이 생겨나게 된다.

나는 죽었는데 왜 아직도 욕심만 가득하고, 왜 아직도 누군가를 미워하고, 여전히 화도 나고, 여전히 불안과 두려움이 있는데 그러면 이건 뭐지? 하는 물음이 생겨나기도 하는 것이다. 하지만 믿음이 분명하지 않으면 이 물음은 일어나지 않는다. 왜냐면 인간이기에 그러한 것은 너무도 당연한 것이라 생각한다.

그들은 여전히 자기의 육적 존재를 자신으로 생각하고, 그 자신이 예수를 의지하며 자기 나름의 신앙관을 세워 신앙생활을 하게 되기 때문에 아직도 그 육적 존재를 자신으로 생각하면서 그들은 그것에 대해서는 특별한 의문을 갖지 않게 되는 것이다.

바울의 고백이다.

로마서 7장 15절

내가 행하는 것을 내가 알지 못하노니 곧 내가 원하는 것은 행하지 아니하고 도리어 미워하는 것을 행함이라

17절 이제는 그것을 행하는 자가 내가 아니요 내 속에 거하는 죄니라

믿음이 분명하면 그때부터는 옛 생명으로부터 일어나는

그 모든 것들은 나의 의지와는 상관없이 힘을 발휘하며 그 나름대로 자기 존재를 과시하고 있음을 알 수 있다. 몸에 붙은 흔적들이 여전히 살아있다고 소리치고 있는 것이다.

믿음이 분명하면 그 소리가 자기 믿음에서 나오는 소리가 아니라는 것을 분명히 알게 된다.

그러기에 바울은 자기가 원하지도 않은 것들이 자기 안에서 요동치는 것을 보면서 그것을 스스로 괴로워하면서도 그 힘을 자기로 여기지 않고 그것을 죄로 보았던 것이다. 믿음의 정체는 오직 예수 생명만 있기에 전혀 혼돈이 없지만 육의 소욕은 나름 왕성하게 작용하고 있음을 보게 되는 것이다. 그 힘의 작용은 결코 내가 아닌 것이다.

이 믿음이 분명해야만 육으로부터 나타나는 것을 정확히 꿰뚫어 볼 수 있어서 그 육의 소욕과 싸움을 할 수가 있는 것이다. 그렇지 않으면 자기 스스로가 죄의 기준을 가지고 해도 되는 것과 하지 말아야 하는 것을 정하면서 어떤 것들은 넘어가고 어떤 것은 회개하고 한다. 이것은 여전히 자기의 육의 생명이지 예수 생명이 아니다. 예수 생명은 예수의 완전, 예수의 거룩, 예수의 순결만 있는 것이다. 그의 것이 아닌 나의 것이 나오는 것은 시체 썩은 냄새일 뿐이다. 그래서 바울은 그것을 괴로워했다.

그러면서도 그 육의 소욕이 자기가 아니라는 것을 알기에 그리스도 예수 안에 있는 자는 결코 정죄함이 없다고 고백할 수 있었던 것이다.

로마서 7장 20절

만일 내가 원하지 아니하는 그것을 하면 이를 행하는 자는 내가 아니요 내 속에 거하는 죄니라

로마서 8장 1절

그러므로 이제 그리스도 예수 안에 있는 자에게는 결코 정죄함이 없나니

이러한 고백은 믿음의 고백이 분명한 자만이 할 수 있는 고백이다. 분명히 자기가 생각했고, 자기가 선택했고, 자기 욕심으로 그런 행동을 했으면서 그것을 행한 자는 자기가 아니라고 하고 있다. 자기가 원하지 않은 것이라고 당당히 말할 수 있다는 것은 자기는 이미 예수와 함께 십자가에 죽었다는 그 믿음을 분명히 붙잡고 있기에 그렇게 고백할 수 있는 것이다. 정말 원하고 바라는 것이 그리스도로만 존재코자 하는 마음만 간절하기에 그런 것이며, 이것만이 자신이요,

자기의 정체성이 되어 있는 것이다.

하나님은 우리의 중심을 꿰뚫어 보시기에 그가 아들 생명만을 붙잡고 존재하는 믿음의 아들인지를 정확하게 구분하시는 것이다.

누가복음 3장 17절

손에 키를 들고 자기의 타작 마당을 정하게 하사 알곡은 모아 곳간에 들이고 쭉정이는 꺼지지 않는 불에 태우시리라

아들 생명, 그들이 원하는 것은 사랑이고, 오래 참음이고, 자비이고, 선을 베푸는 것이고, 온유함이고, 겸손함 이런 것들이다.

이렇게 아름다움으로만 존재하는 그 생명으로 살아가는 자임을 고백하고 있는 것이다. 자기의 의로 그것을 할 수 있는 것이 아니라 그 생명으로 거듭났음을 고백하고 있으니 그 생명인 성령이 내 안에서 그렇게 나를 이끄시는 것이다.

이것이 믿음이다.

믿음은 속일 수가 없는 것이다.

믿음은 내면의 삶을 분명히 증명한다. 그럼에도 불구하고 우리는 인간의 육체적 욕망이 일어나고 있음을 알 수 있으므

로 그 힘이 어디에서 오는지 관찰할 수 있다.

자기 자신으로 사는 것은 누구에게나 쉬운 일이다.

말초신경조차도 그것을 기억하기 때문에 너무 자연스러운 것이다. 하지만 지금 자기 자신이 어디에 있는지 자세히 살펴보라. 지금 우리에게 붙어 있는 모든 자아의 세계는 우리가 지상 세계로 나올 때 가져온 것이 아니다. 땅에서 받은 것들이다. 땅의 진액과 정수를 땅의 세계에서 빨아들여 형성된 자아이다. 그러니까 사탄으로부터 나온 그 진액들이다.

예수와 아무 상관이 없는 육체, 즉 사망의 열매인 것이다.

그런데 그게 너무도 자연스럽고 당연한 것으로 여겨지기에 자신으로 받아서 살아가고 있는 것이다. 그러나 믿음으로 예수 생명을 받은 자들은 땅으로부터 받아서 먹고 자랐던 나의 그 육적존재를 예수 십자가에 못 박은 자들이다.

요한복음 8장

38 나는 내 아버지에게서 본 것을 말하고 너희는 너희 아비에게서 들은 것을 행하느니라

41 너희는 너희 아비가 행한 일들을 하는도다 대답하되 우리가 음란한데서 나지 아니하였고 아버지는 한 분뿐이시니 곧 하나님이시로다

44 너희는 너희 아비 마귀에게서 났으니 너희 아비의 욕심대로 너희도 행하고자 하느니라 그는 처음부터 살인한 자요 진리가 그 속에 없으므로 진리에 서지 못하고 거짓을 말할 때마다 제 것으로 말하나니 이는 그가 거짓말쟁이요 거짓의 아비가 되었음이라

예수 생명은 우리 안에 자리잡고 있는 육적 소욕과 육적 습관과 육적 판단들을 날마다 밀어내고 부인하게 한다.

예수 생명은 그러한 것들을 그냥 놔두질 않고 날마다 밀어내고 밀어내고 또 밀어낸다. 왜냐하면 이미 죽은 것이 살아 있음이라고 속이고 치고 들어오기 때문이다.

이 육적 세계의 죽음의 선언이 새 생명의 시작이다. 믿음은 죽음 선언으로부터 시작된다.

예수님이 십자가에서 내 죄를 담당하셨다고만 생각하지 내가 그 십자가에 함께 죽었다는 것은 생각을 잘 안 한다.

예수님은 자기의 인간 육체가 직접 고통받음으로 우리의 죄값을 지불하셨지만 성도들은 오직 믿음으로 그때 내가 함께 죽었음을 시인하는 것이다.

예수가 우리를 위해 고통받아 주셨으니까 나는 그 은혜로 이미 구원을 받았다 하며 안심하면서 자유롭게 내가 원하는

데로 살아가도 괜찮은 것이 아니다.

죽음 선언이 없는 구원의 확신.

자기 부인이 없는 구원의 확신.

그 구원의 확신은 막연한 자기 착각인 것이다.

여전히 마귀로부터 나온 진액들의 총합인 육적존재일 뿐이다.

갈라디아서 2장 20절

내가 그리스도와 함께 십자가에 못 박혔나니 그런즉 이제는 내가 사는 것이 아니요 오직 내 안에 그리스도께서 사시는 것이라 이제 내가 육체 가운데 사는 것은 나를 사랑하사 나를 위하여 자기 자신을 버리신 하나님의 아들을 믿는 믿음 안에서 사는 것이라

로마서 6장

3 무릇 그리스도 예수와 합하여 세례를 받은 우리는 그의 죽으심과 합하여 세례를 받은 줄을 알지 못하느냐

4 그러므로 우리가 그의 죽으심과 합하여 세례를 받음으로 그와 함께 장사되었나니 이는 아버지의 영광으로 말미암아 그리스도를 죽은 자 가운데서 살리심과 같이 우리로

또한 새 생명 가운데서 행하게 하려 함이라

5 만일 우리가 그의 죽으심과 같은 모양으로 연합한 자가 되었으면 또한 그의 부활과 같은 모양으로 연합한 자도 되리라

6 우리가 알거니와 우리의 옛사람이 예수와 함께 십자가에 못 박힌 것은 죄의 몸이 죽어 다시는 우리가 죄에게 종노릇하지 아니하려 함이니

7 이는 죽은 자가 죄에서 벗어나 의롭다하심을 얻었음이라

8 만일 우리가 그리스도와 함께 죽었으면 또한 그와 함께 살 줄을 믿노니

그리스도의 복음의 세계는 육체의 그 어떠함도 함께 공존할 수 없는 완전한 거룩의 세계이다. 그래서 그리스도를 믿는 자들은 자만하거나 안주하거나 대충 믿음의 길을 가거나 할 수가 없다.

정신 차리고 깨어서 오직 그 생명만이 '나'이기에 그 존재로만 존재하고자 육의 소욕과 치열한 싸움이 날마다 매순간마다 일어날 수밖에 없는 것이다.

육체와의 씨름에서 이겼느냐 졌느냐 그런 것에 집착하기

보다는 내가 누구인지와 어떻게 존재해야 하는지와 어떻게 거룩한 성령의 생명으로 육의 세계를 정복할 수 있는지를 더 깊이 생각해야 한다. 우리의 인생여정 가운데 늘 이길 수만 없는 싸움이다.

이겼느냐 졌느냐를 따지면서 행위를 똑바로 해야 구원을 주실 것으로 생각하지 말라.

오직 믿음만이다.

오직 새 생명만이다.

그것만 붙들고 늘 깨어 있어야 함을 알라.

이렇게 성령의 생명, 그 생명으로 충만하도록 깨어 기도하라고 하신다.

요한복음 12장

24 내가 진실로 진실로 너희에게 이르노니 한 알의 밀이 땅에 떨어져 죽지 아니하면 한 알 그대로 있고 죽으면 많은 열매를 맺느니라

25 자기의 생명을 사랑하는 자는 잃어버릴 것이요 이 세상에서 자기의 생명을 미워하는 자는 영생하도록 보전하리라

마태복음 16장

24 이에 예수께서 제자들에게 이르시되 누구든지 나를 따라오려거든 자기를 부인하고 자기 십자가를 지고 나를 따를 것이니라

25 누구든지 제 목숨을 구원하고자 하면 잃을 것이요 누구든지 나를 위하여 제 목숨을 잃으면 찾으리라

13
죄란?

1

원죄

이 단어는 교회의 온전한 복음을 설명하는데 있어 방해하며 혼란스럽게 했다.

성경에는 있지도 않은 이 단어.

하나님이 말씀하신 적이 없는 원죄론.

초기 교회 지도자들의 성경해석의 오류를 통해 만들어진 이 단어가 그토록 복음을 방해한 것이다.

원죄

자범죄

이 단어들은 반드시 사라져야만 한다.

성경에는 원죄라는 단어가 등장하지 않는데 기독교 교리에는 상당히 중요한 교리로 자리잡은 것 같다.

아담이 범죄했으니까 너도 범죄자다.

아담의 죄값을 후손에게도 되물림시킬 거야.

아담 때문에 그 후손들은 태어나면서부터 죄인이 되게 하겠다. 뭐 이런 뜻인가?

선악과 사건으로 인해 아담이 에덴으로부터 쫓겨났고 그로 인해 후손들은 쫓겨난 땅에 태어나게 되었다는 것,

그 땅에서 힘들고 고된 인생을 보내야 한다는 것,

또한 성령으로 새 생명을 받아야만 영원히 사는 하나님의 아들로 인정된다는 것.

이것은 팩트다.

그냥 이대로 설명하는 것과 원죄라는 단어를 등장시키는 것은 하나님에 대한 오해를 가져오게 한다.

나면서부터 죄인.

이런 말이 왜 나와야 하느냐 말이다.

그냥 인간은 하나님의 영의 생명이 없이 태어났기에 하나님의 영으로 다시 태어나야 영생하는 존재가 된다는 것.

두 번 태어나야 하는 존재, 이것이 다다.

닭은 한 번은 알로 그 다음에는 닭으로 태어난다.

알은 생명이 없는 알일 뿐이고 생명이 들어와서 껍질을 깨고 나와야 비로소 생명이 있는 생명체가 되는 것이다.

인간은 반드시 두 번 태어나야 하는 존재다.

한 번은 혈과 육으로 태어나고, 두 번째는 성령으로 태어나는 것이다. 하나님의 생명을 받아들이면 누구든지 성령으로 다시 태어나 영생을 얻을 수 있다는 이 복음만 들려주어 새 생명 받으라고 하면 되는데 원죄니 자범죄니 이런 말들을 가져와 믿음을 갖는데 혼돈을 줄 이유가 없다.

2

자범죄도 마찬가지이다.

예수를 믿고도 땅을 살아가면서 죄를 짓게 되는데 그것을 가리켜 자범죄라고 한다. 그렇다면 무엇을 죄로 단정하며 자범죄로 여기겠는가?

대부분 사람의 기준으로 봐서 나쁜 짓이라고 여겨지는 것을 자범죄라고 생각할 것이다.

이렇게 되면 죄의 판단을 또 사람이 하게 되는 것이다.

또한, 예수님의 십자가 구원으로 원죄는 단번에 해결되었고 구원은 결코 취소될 수 없기에 자범죄는 구원에는 영향을 주지 않는다고 한다. 이러면 믿음으로 구원과 행위로 구원이 또 싸우게된다.

있지도 않은 용어를 사용하려다 보니 이렇게 논쟁이 일어나게 된다. 그렇다면 성경은 무엇을 죄라고 하는가?

성경이 말하는 죄란 인간의 보편적 상식이나 인간의 윤리와 도덕이나 관습이나 전통이 죄에 대한 판단 기준이 될 수 없다. 성경이 말하는 죄란 하나님 생명이 아닌 인간의 것으로 나타나는 모든 것이 죄이다. 인간의 판단으로 선하고 착하고 아름답다고 여기는 것까지 다 죄인 것이다.

그러나 구원의 하나님은 인간에게 죄를 묻지 않으신다. 무조건 사랑만을 베푸신다.

사람에게는 그 사랑을 주기 원하시지 어떤 선한 행위를 요구하지 않으신다. 왜냐면 사람은 하나님의 기준으로는 결코 선하지 않고 선할 수도 없기 때문이다.

그런데 인간 스스로가 죄에 대한 판단의 기준이 되다 보니 스스로들의 판단에 의해 "이건 안돼!!" "이건 괜찮아!!" 하면서 선과 악의 판가름을 인간의 전통과 관습, 인간의 도덕과 윤리를 기준으로 판단해서 자범죄를 따진다. 기준이 인간이다 보니 인간 세상은 서로를 탓할 수밖에 없는 것이다. 선과 악의 기준이 각자가 다를 수밖에 없기 때문이다. 하나님이 보실 때에는 인간은 생명이 없는 죽은 상태이다. 그렇기 때문에 인간 존재들에게는 그 어떤 행위를 요구할 수 없는 것이다.

하나님의 관심은 오직 죽은 자를 살리는 것이다. 그런데 하나님의 생명이 없는 인간이 거룩함이 가능할 것처럼 인간의 의로 하나님께 만족을 드리려고 애쓰고 힘쓴다면 그건 참으로 안타까운 일이다. 유대인들이 하나님을 오해하고 하나님이 원하지도 않은 자기 의로 충성을 다한 것이다. 하나님의 영광을 위한다고 예수를 죽인 것이다.

우리가 이렇게 자기 의로 주를 위해 온갖 열심을 다한다면 그것은 하나님께 영광이 아니라 예수를 다시 십자가에 매다는 일을 하는 것이다. 이것이 바로 종교인 것이다.

교회 일에 적극적인 사람일수록 다른 사람에게 정죄가 심하다. 예수 이름으로 형제를 눌리게 하고, 갇히게 하고, 포로되게 하고, 그들에게 상처를 입힌다.

하나님을 위한답시고 그렇게 하지만 이들은 하나님을 아주 속이 좁고 옹졸하며 늘 타박하시는 분으로 만들어 버린다.

종교생활은 열심히 하면 할수록 무겁고 버겁다. 힘겹고, 숨차고 답답하다.

사람이 하나님의 뜻대로 살려니 결코 불가능한 것을 가능할 것처럼 힘쓰고 있는데 그 압박이 얼마나 삶을 괴롭히겠는가?

아니면 대충 자기 입맛대로 신앙생활을 한다.

믿음생활의 모든 기준이 자기 상식과 자기 해석과 자기 판단에 의해서 이루어진다.

인간 본성을 가진 인간 생명들은 하나님의 생명인 그 영 자체가 죽었기에 근본적으로 모든 인간은 죄 가운데 있는 것이다.

그러나 하나님은 믿음이 없는 인간 존재들에게 어떤 행위를 지적하며 죄를 책망하지 않는다.

그들에게는 어떤 조건도 없이 오직 생명을 부어주는 은혜의 복음만을 전하여 준다.

그들이 그리스도를 영접하고 그 생명을 받아들임으로 하나님의 아들 되었음이 분명하게 자리잡게 되면 그 생명은 성령의 음성에 반응하게 되고 성령의 에너지를 받아서 세상을 보게 되고 성령에 의해서 세상을 해석하게 되고 성령에 의해서 자기 육체를 복종시켜 가게 된다.

로마서 7장 21절~25절

그러므로 내가 한 법을 깨달았노니 곧 선을 행하기 원하는
나에게 악이 함께 있는 것이로다
내 속사람으로는 하나님의 법을 즐거워하되

내 지체 속에서 한 다른 법이 내 마음의 법과 싸워 내 지체 속에 있는 죄의 법으로 나를 사로잡는 것을 보는 도다. 오호라 나는 곤고한 사람이로다 이 사망의 몸에서 누가 나를 건져내랴 우리 주 예수 그리스도로 말미암아 하나님께 감사하리로다 그런즉 내 자신의 마음으로는 하나님의 법을 육신으로는 죄의 법을 섬기노라

바울은 도저히 죄를 용납할 수가 없어서 죄와 사투를 벌이는 전쟁을 하였음을 엿볼 수가 있다.

"오호라 나는 곤고한 사람이로다. 이 사망의 몸에서 누가 나를 건져내랴."

이러한 몸부림, 사망의 몸으로부터 해방되고자 하는 간절함을 알 수 있다.

바울이 얼마나 악한 죄를 지었기에, 사망의 몸이라고 표현을 하고 있을까?

자기의 존재 인식이 성령 그 자체이기에 몸으로부터 일어나는 어떤 힘도 용납할 수가 없는 믿음에서 나오는 애절함이다. 이렇게 바울은 자신은 오직 성령으로만 존재하는 새 생명임을 분명히 알고 있었던 것이다.

그런데 성령은 거룩한 분인데 그 거룩함을 이겨먹는 옛사

람의 에너지 작동이 늘 일어난다는 것이다.

오직 그 믿음, 오직 그 생명으로만 존재해야 하는데 옛사람인 육적 자아가 주인노릇하며 나를 이끌려고 한다는 것이다. 그것은 자신의 믿음에서 나오는 것이 아닌 이미 죽음을 선언했던 그 육체를 통해 어떤 힘이 움직이고 있음을 본 것이다. 그것을 들여다보니 그것은 분명 자기가 아니었다는 것이다.

성령은 거룩이고, 온전이고, 완전이다.

점도 없고 티도 없는 완벽한 깨끗함이다.

이것만이 성도가 살아가는 길이며, 방향이며 비전이자 삶의 전부이다. 내 인간의 생각이나, 인간의 경험이나, 인간의 상식이나, 그 무엇도 전혀 작동되지 않고 오직 믿음만 작동되는 것이 믿음의 길이다.

성도는 이것 외에는 티끌 하나도 용납할 수 없다.

성령의 생명인데 내 맘대로 용납하고 안 하고를 결정하겠는가? 그 어떤 인간의 해석이나 인간의 판단이나 자기 합리화는 존재할 수 없다.

그냥 완전 그 자체이다.

이것만 알면 된다.

완벽한 분의 길.

도저히 내가 이루어 낼 수 없는 것.

그러나 그 생명을 받았다는 것.

이렇게 분명한 길을 알고 있어도 연약한 육체를 꼬드겨서 죄로 끌고 가는 그 힘에게 밀려 쓸려가곤 하는데 이 분명한 믿음의 길이 인간의 길과 섞여 있어 그 길이 희미해져 버린다면, 이 분명한 길이 두 갈래 세 갈래 갈라져서 어느 길이 진짜인지 분간을 못 한다면, 시작부터 혼돈인 것이다.

하나님은 빛이시기에 어둠은 불가능이다.

이 길만이 성도의 길이다.

그 기준에는 모호함이 있을 수 없다. 확실하며 또렷하며 성도라고 하는 이들끼리 해석차이 때문에 다툴 이유가 전혀 없다.

그냥 완벽하게 깨끗한 것만 있기 때문이다.

그 앞에 무엇으로 옳고 그름의 다툼을 할 수 있겠는가?

불순물이 전혀 없는 완전 순결은 그 어떤 다툼도 일어날 수 없도록 그 입을 완전히 봉해 버린다.

요한일서 1장 5절~10절

우리가 그에게서 듣고 너희에게 전하는 소식은 이것이니 곧 하나님은 빛이시라 그에게는 어둠이 조금도 없으시다는

것이니라

만일 우리가 하나님과 사귐이 있다 하고 어둠에 행하면 거짓말하고 진리를 행하지 아니함이거니와 그가 빛 가운데 계신 것 같이 우리도 빛 가운데 행하면 우리가 서로 사귐이 있고 그 아들 예수의 피가 우리를 모든 죄에서 깨끗하게 하실 것이요

이렇게 빛만 존재해야 하는 것이다.

하나님과 사귐이 있다고 어둠 가운데 거하면 진리 가운데 있지 않은 것이다. 그분의 완전함만이 있는 것이다.

요한일서 1장 8절

만일 우리가 죄가 없다고 말하면 스스로 속이고 또 진리가 우리 속에 있지 아니할 것이요

그런데 8절에서는 우리가 죄가 없다고 말하면 스스로 속이는 것이라고 하고 있다.

죄가 없다고 하면 진리가 우리 속에 있지 않는다는 것, 믿음은 절대로 타협될 수 없는 온전한 빛만 있는 그것이고 그러나 인간 존재는 믿음으로만 온전히 순종되지는 않기에 죄

를 지을 수밖에 없다는 것이다.

요한일서 1장 9절~10절

만일 우리가 우리 죄를 자백하면 그는 미쁘시고 의로우사 우리 죄를 사하시며 우리를 모든 불의에서 깨끗하게 하실 것이요

만일 우리가 범죄하지 아니하였다 하면 하나님을 거짓말 하는 이로 만드는 것이니 또한 그의 말씀이 우리 속에 있지 아니하니라

우리의 인생 동안 기준도 분명하고 갈 길도 분명하다.

혼란이 있을 수 없다.

원죄니 자범죄니 그런 것은 의미 없다.

완전하신 분의 생명을 받았다는 것을 믿는 것이다.

점도 없고 흠도 없는 완전하신 분의 지체로서만 존재하는 자임을 믿는 것이다. 여기에 나의 생각, 나의 판단기준, 나의 상식, 나의 가치관, 나의 습관, 나의 성향, 나의 선악 체계, 나의 꿈, 인간의 전통 그 무엇도 끼어들 자리가 없다.

그러나 여전히 육적 생명이 존재하는 동안 육의 세계의 완전한 정복은 끝나지 않고 계속 되는 것이다. 그러기 때문에

그 광야 같은 인생의 과정이 우리에게는 씨름으로 주어져 있는 것이다.

3

히브리인의 출애굽 사건.

이것은 구원받은 생명들을 설명하고 있다. 광야는 구원받은 생명들이 이 땅을 사는 동안 오직 그 생명을 믿고 살아가야 하는 여정으로 주어져 있다는 것을 보여주고 있다. 그래서 광야 기간 동안은 인간의 이성과 경험이 작동해서는 안 되고 오직 하나님의 말씀만이 존재하는 것을 경험시키는 과정이다. 그러기 때문에 믿음의 여정에 수많은 유혹과 혼란이 찾아오게 되는 것이다.

홍해를 이미 건너왔기에 이제는 오직 살아계신 하나님 한 분만을 믿고 앞만 보고 나아가야 하는데 인간에게는 결코 그게 쉬운 문제가 아니다. 생각한 대로 되는 일이 없고, 하는 일마다 이리저리 꼬이고, 믿었던 사람에게 배신을 당하고, 갑자기 사고를 당하고, 사업이 부도나고, 인생이 평탄하지 않다. 서서히 흔들 흔들거리는 자신을 보게 된다. 어느덧 자유는 소멸되고 불안이 실제가 된다. 그러기에 오직 믿음으로만 서 있는다는 것이 너무도 벅차다.

그래서 우리의 인생은 광야다. 이 믿음으로만 서도록 훈련시키는 것이 인생광야이다.

믿음의 자녀에게 인생이란 그렇게 순결과 거룩 하나 붙들고 우직하게 서 있어야 하는 길인 것이다.

그런데 서서히 그들의 믿음에 혼란이 찾아온다. 오직 믿음만이 길이요, 진리요, 생명임을 가르치고, 오직 믿음 하나 붙들고 모든 시험을 물리치며 하나님만 보고 나아가도록 훈련시키는 것이 광야의 역할인데 그만 그 광야에서 하나님을 불신하고 두려움의 신 앞에 엎드리고 만다.

인간으로서는 도저히 감당할 수 없는 세계, 인간 이성으로는 도저히 받아들여질 수 없는 세계, 그 어둠이 사방에서 몰아치며 공격하면 서서히 흔들거리게 된다.

광야 기간의 히브리인들처럼 구원을 받았다고 하면서 여전히 자기의 경험과 자기의 판단이 기준이 되어 믿음을 대신하고 있지는 않은지 자신의 믿음을 잘 살펴보라.

깨끗함과 온전함, 거룩함만이 믿음이며, 그것을 방해하고 공격하는 힘의 작용이 육적세계이며, 성도의 남은 인생은 오직 믿음으로 지속되는 싸움의 여정이라는 것.

이길 때도 있고 넘어질 때도 있지만 여전히 그 거룩함과 온전함만이 나의 존재 이유라는 것.

여호수아와 갈렙은 어찌 아니 넘어졌겠으며 어찌 아니 흔들렸겠으며 어찌 아니 그들의 믿음에도 공격이 없었겠는가?

그때마다 하나님의 약속의 말씀만 붙들고 싸우고 또 싸웠을 것이다. 넘어지면 그 자리에서 믿음 하나 붙잡고 또 일어나는 것이다.

그 믿음을 붙잡는 것이란 인간 이성은 완전히 타버려야만 가능하다. 40년 광야 속에서 흔들리지 않을 인간 육적 생명이 얼마나 있겠는가? 풀무불에 던져질 줄 알면서도 겁먹지 않고 오직 믿음만 붙들었던 다니엘의 세 친구의 고백을 보라.

그리 아니하실지라도, 불 속에 던져질지라도~

믿음이란 이러한 세계이다.

인간의 지식과 인간의 판단과 인간의 경험과 상식으로는 결코 불가능할 수밖에 없는 여리고 성벽, 그 엄청난 성벽을 앞에 두고 어떠한 장비 하나 없이 무작정 소리를 지른다? 인간 이성으로 도저히 할 수 없는 짓이다.

이것은 믿음이 아니면 도저히 설명이 안 된다.

이것이 성도의 인생살기인 것이다.

이 믿음에서 빗나간 모든 인간의 선택들이 죄인 것이다.

인간의 그 어떤 선한 행위 조금 내밀면서 거룩이라고 할 수 없다. 오직 믿음 아니면 다 죄가 된다.

믿음은 인간이성이 삭제된 오직 성령만이 나타나는 것이다. 생명의 정체가 성령이기에 인간으로 하는 모든 것은 죄다. 하나님을 위해서 열심히 충성해도 인간이 하면 죄가 된다.

그러기 때문에 성령의 생명이 없는 인간 존재들에게 하나님은 똑바로 살라고 계명을 주시지 않는다.

그들에게 죄짓지 말고 하나님의 말씀을 지키라고 하지 않으신다. 내 말을 안 들었기 때문에 너에게는 벌을 내리겠다 하시며 인간 생명에게 계명을 똑바로 지키라 하지 않으신다.

그들에게는 오직 복음만을 전해 준다. 회개하고 내 생명 받으라고~

그러나 생명을 가진 자들은 그 생명이 아니면 다 죄가 되는 것이다. 다시 태어났기 때문이다. 믿음의 사람이라면 자기 안에서 일어나는 인간의 에너지 활동을 또렷하게 목격하게 된다.

마태복음 7장 22절~23절

그날에 많은 사람이 나더러 이르되 주여 주여 우리가 주의 이름으로 선지자 노릇하며 주의 이름으로 귀신을 쫓아내며 주의 이름으로 많은 권능을 행하지 아니하였나이까 하리니 그때에 내가 그들에게 밝히 말하되 내가 너희를 도무지 알지 못하니 불법을 행하는 자들아 내게서 떠나가라 하리라

로마서 6장

11 이와 같이 너희도 너희 자신을 죄에 대하여는 죽은 자요 그리스도 예수 안에서 하나님께 대하여는 살아있는 자로 여길지어다
12 그러므로 너희는 죄가 너희 죽을 몸을 지배하지 못하게 하여 몸의 사욕에 순종하지 말고
13 또한 너희 지체를 불의의 무기로 죄에게 내주지 말고 오직 너희 자신을 죽은 자 가운데서 다시 살아난 자 같이 하나님께 드리며 너희 지체를 의의 무기로 하나님께 드리라
22 그러나 이제는 너희가 죄로부터 해방되고 하나님께 종이 되어 거룩함에 이르는 열매를 맺었으니 그 마지막은 영생이라

14
회개

교회가 부흥하고 세계 곳곳으로 퍼져나갈 때 나타나는 현상이 있는데, 바로 회개운동이다.

그런데 무엇이 회개인가?

대부분의 사람들은 회개할 때 도덕적, 윤리적으로 잘못한 것을 생각하고 그 행동을 중단하고 돌이키는 것을 생각한다.

사실 부흥운동의 중심은 인간의 윤리적 문제를 지적하고, 그것에서 돌이키지 않으면 하나님의 저주를 받는다는 설교였다. 더욱 두려워 떨게 할수록 대단한 설교자로 인정받았다. 사람들이 두려움을 느낄 때 회개하고 돌이키게 되고, 그로 인해 삶이 놀랍게 변화하기 때문에 위대한 설교자로 존경받게 되는 것이다.

삶을 변화시키고, 새로운 도전을 하고, 삶을 아름답게 사는 것은 분명 좋은 일이지만, 그런 결과가 나온다고 다 복음은 아니다. 술, 담배, 마약, 음란물 등에 중독된 사람들을 변화시켰다고 해서 그들이 성령의 생명을 가졌다고 말할 수는 없다.

복음을 설명할 때 이렇게 사람이 얼마나 바뀌었느냐로 설명하려고 하는 것부터 문제다.

술에 취하지 마세요.

음란하지 마세요.

남의 것 훔치지 마세요.

쾌락을 좇지 마세요.

돈 욕심을 버리세요.

세상의 출세와 명예욕을 버리세요.

하나님의 진노가 두렵지 않습니까?

이것은 복음이 아니다.

종교적 기능으로서의 의미는 있으나 성경이 말하는 복음은 아니다.

똑바로 잘 살면 복을 줄 것이고 잘못 살면 벌을 받을 거야.

하나님이 인간을 세상에 보내놓고 그들을 유심히 살피면서 착하게 잘 살면 복을 주고 별로 좋지 않게 살면 벌을 주는 하나님?

그 어디에서도 들을 수 있는 권선징악의 이러한 방식이 성경해석의 방식이 된 것이다.

이런 하나님을 교회가 전하고 있기에 세상이나 타종교들에게 별로 감동을 주지 못하고 있는 것이다.

인간의 본능은 자기중심적이다.

인간의 본능은 육체적 욕망으로 가득 차 있다.

인간의 본능은 성적으로 끌리게 되어 있고,

인간의 본능은 편안함과 안락함을 추구한다.

이러한 본능이 잘 작동되는 것은 문제가 있는 것이 아니라 건강한 인간이라는 것이다.

인간이니까 그러는 것이다.

이 본능이 잘 작동하는 사람은 자신이 정상적인 인간이라는 것을 알면 된다.

문제가 있는 사람이 아니라 극히 정상적인 것이다. 그러니 당신에게서 이기적이며 욕심 가득한 모습을 보면

"아~ 역시 난사람이구나." 하고 알아차리면 된다.

난 왜 이렇게 못됐지?

난 왜 이렇게 잔인하지?

난 왜 이렇게 악하지?

이러한 생각을 할 필요가 없다. 아니, 그렇게 생각을 하면 안 된다. 당연한 것을 가지고 못되고, 악하다고 생각하는 것 자체가 문제이다.

자신을 그렇게 생각하기에 남에게도 그것을 똑같이 적용시키게 된다.

쟤는 왜 저렇게 못됐지?

쟤는 왜 저렇게 잔인하지?

쟤는 왜 저렇게 악하지?

자기 자신에게 못마땅한 사람이 남에게도 못마땅한 것이다.

자기 자신을 인정해 주는 사람은 타인을 인정할 줄 안다. 인간의 본능이다.

사자는 사슴을 덮쳐 자기의 생명을 유지한다. 그리고 그렇게 잔인하게 사슴을 물어뜯어서 자기 새끼를 키운다. 그것은 나쁜 짓이 아니라 본능이다.

잡아먹고 있는 사자이든, 먹히고 있는 사슴이든, 이건 나쁜 짓이야 하는 생각을 하지 않는다. 그들은 나쁜 짓, 좋은 짓을 판단하지 않는다.

그러나 선악과 이후 인간은 선과 악을 자기들이 판단하는 주체자가 되어 있다.

사람들은 인간의 본능적 행동에 대해 각자가 판단하는 기준을 가지고 서로 판단한다. 그러다 보니 인간 세상에는 말이 참 많은 것이다.

서로 판단하고, 서로 정죄하고 서로를 탓한다.

파당을 만들어 편가르기를 한다.

사실 이것도 본능이라 이러한 것도 뭐라 할 게 없다. 이게 인간세상이니까.

그래서 인간세상은 이렇게 시끄러울 수밖에 없다.

예수님이 이 땅에 오신 목적이 그런 인간의 행동들을 고쳐주기 위해서 오신 것인가? 예수님을 이 땅 가운데 보내신 아버지의 뜻은 단 하나 그들을 구원하기 위해서이다.

인간을 혼내키고, 벌 내리고, 말 잘 들으면 복 주기 위해 예수님을 이 땅에 보내신 것이 아니라, 이 세상 사람 모두를 값없이 구원하기 위해서이다.

하나님의 뜻은 오직 구원이다.

하나님의 마음은 오직 사랑이다.

요한복음 10장

10 도둑이 오는 것은 도둑질하고 죽이고 멸망시키려는 것뿐이요 내가 온 것은 양으로 생명을 얻게 하고 더 풍성히 얻게 하려는 것이라

11 나는 선한 목자라 선한 목자는 양들을 위하여 목숨을 버리거니와
15 아버지께서 나를 아시고 내가 아버지를 아는 것 같으니 나는 양을 위하여 목숨을 버리노라

하나님의 생명이 없는 인간 생명에게 새 생명을 불어넣어 주기 위해 그리스도는 이 땅에 오신 것이다. 이것밖에 없다.

하나님은 우리를 인간 본능의 세계로부터 구원하여 하나님 본능의 세계로 들어오게 하기 위해서 예수를 이 땅에 보내신 것이다.

이 생명만 불어넣어 주면 그다음부터는 그 생명이 그를 주장하여 그 생명력이 그를 세상의 빛으로 존재하게 만드는 것이다.

하나님은 사람에게 무엇을 요구하시는 것이 아니라 오직 생명을 주시기만 원하신다.

예수를 영접하면 성령으로 잉태된 그 생명이 탄생하는 것이다. 하나님은 절대 사람을 판단하지 않으신다.

무조건적 사랑, 값없는 용서, 어떠한 판단이나 정죄가 없는 사랑의 하나님인 것이다.

하나님이 인간에게 손을 내미시는 회개란?

그 사랑의 아버지 품으로 돌아와 그 품에 안겨 편히 쉬는 것을 말한다. 집을 나갔던 아들이 아버지 품으로 돌아오는 것이다.

아버지는 죽었던 아들이 돌아왔다고 기뻐하며 잔치를 베푼다. 이런 게 사랑의 하나님이지 인간들 뒤꽁무니나 쫓아다니며 잔소리 하고 혼내키고 벌 내리는 그런 하나님이겠는가?

아들이 아버지 재산을 다 탕진하고 돌아올 때 그는 스스로 자신은 아들 될 자격도 없는 죄인이라고 여기며 자신을 아들이 아닌 종으로 써 달라고 스스로 정죄 가운데 돌아왔지만 아버지는 지나간 어떤 잘못도 따지지도 묻지도 않는다.

그가 얼마나 더러운지, 그동안 얼마나 나쁜 짓을 했는지, 과거의 잘못을 얼마나 뉘우치고 있는지 아버지에게는 의미없다.

아버지에게는 죽었던 아들이 돌아왔다는 사실만 있는 것이다.

누가복음 15장 21~24절

아들이 이르되 아버지 내가 하늘과 아버지께 죄를 지었사오니 지금부터는 아버지의 아들이라 일컬음을 감당하지 못하겠나이다 하나 아버지는 종들에게 이르되 제일 좋은 옷을 내어다가 입히고 손에 가락지를 끼우고 발에 신을 신기라
그리고 살진 송아지를 끌어다가 잡으라 우리가 먹고 즐기자 내 아들은 죽었다가 다시 살아났으며 내가 잃었다가 다시 얻었노라 하니 그들이 즐거워하더라

이런 분이 하나님이시다.

아버지의 재산을 못된 짓 하느라 다 날려 버렸는데 죽었던 아들이 돌아왔다며 잔치상을 베푼다.

둘째 아들이 바로 하나님을 잃어버린 모든 사람들인 것이다. 그렇게 하나님의 생명을 받지 못한 모든 존재를 죽었던 자라고 하는 것이다. 생명이 없으니 죽은 것이다.

그런데 왜 잔치를 베푸는가?

죽었던 아들이 돌아왔기 때문이다.

이것을 회개라고 하는 것이다.

이것이 인류를 향한 하나님 아버지의 마음이며 인간에게는 오직 이렇게 아버지 품에 돌아오는 회개만을 원하시지 다른 어떤 것도 바라지 않으신다.

사람에게 본능을 누가 주었는가?

성적인 욕구는 누가 주었는가?

남자가 여자를 보면서 설레이는 마음이 일어나는 것은 누구의 작품인가?

하나님은 결코 인간 본성에게 아무것도 호소하지 않는다.

다만 내 품에 안기렴. 나의 영을 네게 부어 주겠다. 예수 생명을 받으렴~

네가 얼마나 한심하든, 얼마나 추하든, 난 그런 것을 따지지 않아. 어서 나에게 돌아오렴~

나의 생명을 너에게 부어 주어 나의 아들을 삼기를 원해.

나의 아들이 되어 주렴~

이렇게 아버지께는 무조건적인 사랑만 있다.

그 사랑의 품으로 돌아오라고 부르시는 것이 복음이다.

또 교회들은 이렇게 말한다. "구원은 은혜로 값없이 거저 받지만 이제 성도는 그 은혜에 보답하기 위해 주를 위해 살아야 한다고."

이렇게 되면 구원은 조건부가 된다.

이건 값없이 주신 구원이 아닌 것이다.

우선 구원해 주고, 구원해 주었으니 그 은혜를 갚으라는 것밖에 안 된다.

물에 빠진 사람 구해 주고서 내가 구원해 주었으니 이제부터 너는 나를 위해 살아야 한다. 이렇게 한다면 이거 좀 많이 이상하지 않나?

포기하라. 내려놓으라. 비우라. 끊어라. 버려라.

하나님이 말씀하신 회개는 이런 것이 절대 아니다.

이미 죽은 생명인 사람에게 뭔가를 가져오라고 한다?

죽은 시체를 앞에 두고 똑바로 살아~

이렇게 말하고 있는 것과 다를 게 하나 없는 것이다.

인간 생명들에게 이렇게 계명을 주면서 지켜내라고 하는 것은 죽은 시체에게 똑바로 살라고 하는 것과 다를 게 없는 것이다.

회개는 죽은 자들에게 생명을 받으라고 하는 사랑의 메시지이고, 하나님의 계명은 이미 새 생명인 성령의 생명을 가진 아들들에게 주시는 것이다. 이 생명의 주체는 혈과 육의 내가 아닌 성령인 것이다. 그 생명에게는 계명이 양식이기에 부담이 될 수 없다. 그 생명은 아버지의 뜻을 더욱 찾고 갈망하게 된다.

그러나 아직 생명이 없는 인생들에게는 무조건 사랑이다.

무조건 구원이다.

무조건 생명을 부어주길 원하신다.

하나님의 계명은 성령의 생명이 지키는 것이지 인간 생명이 지켜내야 하는 것이 아니다.

인간이 지킬 수 없는 하나님의 거룩한 계명을 인간이 지키려고 하면서부터 외식과 형식, 겉치레, 회칠한 무덤이 되는 것이다.

하나님의 뜻대로 순종하며 살려고 하니 뭔가 무겁게 느껴지고, 답답하기도 하고, 피하고 싶기도 하다면 그것은 하나님 생명이 아닌 인간 생명으로 그 일을 이루려고 하기 때문이다.

하나님의 법과 하나님의 뜻은 성령의 생명이 먹고 사는 양식이다. 하나님의 아들 생명은 그 나라를 사모하는 생명이다.

하나님이 말씀하시는 회개란 생명이 없는 자들에게 그리스도를 영접하여 그의 생명을 받으라고 하시는 것이다.

그 생명을 받으면 새 생명이 나의 실제 생명이 되는 것이기에 하나님의 계명이란 옛 생명인 내가 지켜내는 것이 아니라 나의 순종을 통해 새 생명인 성령이 친히 지키는 것이다.

이것이 하나님의 반전이요, 하나님의 지혜인 것이다.

이것이 하나님의 한판승이다.

상한 자, 갇힌 자, 눌린 자, 포로된 자

이 세상 모든 사람들에게는 이렇게 완전한 해방을 선포하는 것이며 그들의 해방은 그것으로 끝이 아닌 그때부터 진정한 정복의 시대가 시작된다.

새 생명을 받은 그 아들들에 의해서~

하나님의 말씀의 생명력이 세상을 다스리게 되는 것이다.

인간에게는 오직 자유만을, 새 생명에게는 말씀으로 세상을 통치하는 능력을 주시는 것이다.

하나님은 분명 인간을 판단도 하지 않고 그 무엇도 요구하지 않으시고 돌아오라고만 하시지만 돌아온 자들에게는 하나님의 자녀의 권세가 주어지는 것이다.

성령의 생명으로 거듭난 아들들은 자연스럽게 성령으로 호흡하는 하나님의 아들의 세계를 살게 되는 것이다.

내가 주체자로서 나의 의로 거룩한 말씀을 지켜내려고 하는 것은 종교이다. 뭔가 하나님을 믿고 따라가는 것이 버겁다고 생각된다면 회개해야 한다.

이들은 성령의 생명을 받아야 한다. 그 생명을 받으면, 그 진리가 자유케 할 것이다.

이들에게는 하나님의 계명을 지켜내야 하는 것이 필요한 게 아니라 회개가 필요한 것이다.

그러기에 사람의 의지에다 하나님의 계명을 지키라고 말해서는 절대 안 된다.

그리스도는 오히려 수고하고 무거운 짐을 가지고 오라. 내가 너희를 쉬게 하리라 하시는데 그 엄청난 거룩한 하나님의 완전의 세계를 인간의 노력으로 지켜내라고 하는 것은 인간을 구원하기를 원하시는 아버지의 뜻이 아니다.

믿음이 분명하면 그는 반드시 이렇게 고백하게 된다.

이제는 내가 사는 것이 아닙니다. 오직 내 안에 그리스도만 계십니다. 나는 이미 죽었습니다.

나의 열심과 나의 노력과 나의 성숙함으로 하나님께 영광을 돌리는 것이 아니라 내 안에 계신 성령께서 나를 통하여 일하시는 것이다.

아버지는 우리가 자기들의 의지를 가지고 어떤 습관을 고쳐 내기를 바라시는 것이 아니라, 아버지의 생명을 받아 주기를 원하신다. 이렇게 분명하게 성령을 인정하면 그때부터는 성령이 나의 주체자가 된다.

성령의 의지, 성령의 소원, 성령의 열정, 성령의 감동.

이 새로운 힘의 활동들이 실제 내가 되어 살아 움직이게 되는 것이다.

회개는 결코 무거운 것이 아니다.

쉼이며 자유이며 평안이며 해방이다.

더 이상 내가 할 것은 아무것도 없으니 완전한 해방인 것이다.

"회개하라 천국이 가까이 왔느니라"라는 말은

뭘 끊어라, 뭘 버려라, 뭘 고쳐라, 더 착해져라,

이러한 것을 회개라고 하는 것이 아니다.

회개란 천국이 가까이 왔으니 어서 천국으로 들어오라는 것이다.

하나님나라는 값없이 누구에게나 베풀어져 있다.

이것이 무조건적인 아버지 사랑이다.

누구에게나 베풀어져 있으니 값없이 와서 먹으라는 것이다.

천국은 습관이나 못된 버릇이나 좋지 못한 행동을 고침으로 얻어지는 것이 아니다.

오직 믿음으로 얻는 것이다.

요한일서 4장

9 하나님의 사랑이 우리에게 이렇게 나타난 바 되었으니 하나님이 자기의 독생자를 세상에 보내심은 그로 말미암아 우리를 살리려 하심이라

10 사랑은 여기 있으니 우리가 하나님을 사랑한 것이 아니요 하나님이 우리를 사랑하사 우리 죄를 속하기 위하여 화

목 제물로 그 아들을 보내셨음이라

11 사랑하는 자들아 하나님이 이같이 우리를 사랑하셨은즉 우리도 서로 사랑하는 것이 마땅하도다

12 어느 때나 하나님을 본 사람이 없으되 만일 우리가 서로 사랑하면 하나님이 우리 안에 거하시고 그의 사랑이 우리 안에 온전히 이루어지느니라

13 그의 성령을 우리에게 주시므로 우리가 그 안에 거하고 그가 우리 안에 거하시는 줄을 아느니라

14 아버지가 아들을 세상의 구주로 보내신 것을 우리가 보았고 또 증언하노니

15 누구든지 예수를 하나님의 아들이라 시인하면 하나님이 그의 안에 거하시고 그도 하나님 안에 거하느니라

16 하나님이 우리를 사랑하시는 사랑을 우리가 알고 믿었노니 하나님은 사랑이시라 사랑 안에 거하는 자는 하나님 안에 거하고 하나님도 그의 안에 거하시느니라

17 이로써 사랑이 우리에게 온전히 이루어진 것은 우리로 심판 날에 담대함을 가지게 하려 함이니 주께서 그러하심과 같이 우리도 이 세상에서 그러하니라

18 사랑 안에 두려움이 없고 온전한 사랑이 두려움을 내쫓나니 두려움에는 형벌이 있음이라 두려워하는 자는 사랑

안에서 온전히 이루지 못하였느니라

19 우리가 사랑함은 그가 먼저 우리를 사랑하셨음이라

마태복음 18장

12 너희 생각에는 어떠하냐 만일 어떤 사람이 양 백 마리가 있는데 그 중의 하나가 길을 잃었으면 그 아흔아홉 마리를 산에 두고 가서 길 잃은 양을 찾지 않겠느냐

13 진실로 너희에게 이르노니 만일 찾으면 길을 잃지 아니한 아흔아홉 마리보다 이것을 더 기뻐하리라

14 이와 같이 이 작은 자 중의 하나라도 잃는 것은 하늘에 계신 너희 아버지의 뜻이 아니니라

15

이 세상에 죄인은 없다

이 세상에는 단 한 사람의 죄인도 없다.

사람들은 죄와 죄인이라는 단어를 함부로 사용하지만 사실은 죄인이라고 불려야 할 사람은 하나도 없다.

왜냐하면 그것이 인간의 본능이기 때문이다.

본능을 죄라고 부르는 것은 좀 많이 이상한 것이다. 모든 인간은 자기중심적이다. 태생이 그렇다.

이것은 이상한 것이 아니라 아주 정상적인 인간의 모습이다. 하지만 자기중심적인 행동은 다른 사람에게 불편함, 고통, 아픔, 해를 끼칠 수 있다.

그렇다고 그것을 죄라고 할 수는 없다.

왜냐하면 본능이기 때문이다.

그렇게 생겼기에 그렇게 행동하는 것이다.

모든 사람은 이기적이기 때문인데, 특정 태도와 행동을 죄라고 규정한다면 이 세상 모든 사람은 서로를 손가락질하며 죄인이라고 생각하며 살아야 할 것이다.

그 손가락질을 피할 수 있는 사람은 단 한 명도 없다. 인간의 본능을 거스를 정도로 인간을 뛰어넘어 존재할 수 있는 사람은 아무도 없기 때문이다.

그래서 사람들은 서로에게 절대로 "넌 죄인이야" 이렇게 말해서는 안 된다. 그 말이 타당하려면 본능대로 살 수밖에 없는 모든 사람에게 해당하는 말이기에 서로 "넌 죄인, 넌 죄인, 넌 죄인…" 이러면서 온통 이 말들로 온 세상을 가득 채우게 될 것이다.

그래서 본능을 가지고 죄인이니 의인이니 따져서는 안 되고 그냥 그 상황 상황에 맞게 해석하고 분별하며, 더 나은 방법을 제시하며, 잘못이라고 판단이 되는 것을 지적도 하며 최선의 좋은 길을 선택해야 하는 것이다.

인간 세상에서 법이란 왜 필요하냐면 모든 인간은 자기중심적이면서도 집단을 이루며 살아가기에 함께 더불어 살아야만 하는 공동체로서는 서로에게 있어 최선책을 마련해야만 하는 것이다. 그렇지 않으면 누군가는 더 많은 피해를 입게 되기에 최대한으로 공평하게 개인의 삶을 영위할 수 있도록 하기 위해서 최소한의 법이 필요한 것이다.

법이 있으므로 사회가 엉클어지지 않고 나름 원활하게 흘러가게 되고 그 사회를 유지해 가는 것이다. 자기의 유익을 위해 남에게 피해가 되는 것을 어느 정도는 통제를 해주어야 그나마 사회는 나름 건강한 사회가 될 수 있을 것이다. 물론 아무리 법을 강화한다 해도 인간 세계에는 완전한 평화는 없겠지만….

가정공통체와 마찬가지다.

가정에도 나름 법이 있다.

하지만 자식이 그 법을 어겼다고 "이 죄인~" 이렇게 하지 않는다. 계속 그 법(약속)을 잘 지키도록 가르치고 때론 벌을 줄 때도 있는 것이다.

사회적 합의, 이것은 약속이니 이 약속은 지켜져야만 한다. 약속을 어길시 그에 상응하는 처벌도 주어지는 것도 마땅한 것이다. 그렇게 함으로 어떤 나쁜 마음으로 많은 사람들에게 피해를 입히는 무질서한 사회를 막고 더욱 이상적인 건강한 사회가 돌아가게 해야 하는 것이다.

그러나 여기까지만 말해야 한다.

죄, 죄인 –사람들끼리 이런 말은 절대로 사용해서는 안 된다. 또한 그 누구에게도 그렇게 판단하고 정죄해서도 안 된다. 이 말을 사용하려 한다면 이 말을 피해갈 만큼 완전한 자여야 하는데 그런 사람은 한 사람도 없기에 모든 사람은 서로에게 죄인이라고 판단하면서 정죄할 수 없는 것이다.

"나는 너보다는 더 나아. 나는 저놈같이 더럽지는 않아!!!"

사실 누군가가 이런 말들을 사용한다면 그는 자기 자신을 몰라서 그러는 것이다. 누가 누구를 나무랄 수 있을까?

"난 그렇게 해도 될 만큼 깨끗해."

이렇게 생각하는 이가 있다면 그런 사람은 더욱 판단을 받게 될 것이다.

마태복음 7장 1절

비판을 받지 아니하려거든 비판하지 말라

8절 너희가 비판하는 그 비판으로 너희가 비판을 받을 것이요 너희가 헤아리는 그 헤아림으로 너희가 헤아림을 받을 것이니라

9절 어찌하여 형제의 눈 속에 있는 티는 보고 네 눈 속에 있는 들보는 깨닫지 못하느냐

그래서 우리는 사회가 건강하게 돌아가게 하기 위해서 더 나은 길을 찾아가는 지혜를 찾고, 여러 가지 담론을 나누며

최선의 길을 선택하면서 이렇게 저렇게 길을 모색해 가는 것이다.

죄인은 없다. 다만 더 현명한 선택이 필요할 뿐이다.

더 지혜롭도록, 더 남에게 선을 베풀 수 있도록 서로 토론도 하고 서로에게 격려와 응원을 보내면서 보다 나은 길을 함께 찾아가도록 해야 한다.

죄라는 단어는 그러면 어떤 경우에 사용할 수 있는가? 하나님 앞에서만 사용할 수 있는 것이다.

하나님은 완전하시니까 완전하지 못한 인간은 죄가 되는 것이다. 그러나 하나님은 그 불완전한 인간에게 어떤 선을 요구하면서 완전하게 살아내라고 하지 않으신다. 그 기준에 못 미치니 넌 용서하지 않겠다. 하면서 "이 죄인아~" 하는 이런 정죄가 없으시다는 것이다.

늘 어설프고 이기적이며 허점투성이인 인간 부모도 자녀에게 그렇게 하지 않는다. 그래도 내 자식이라고 이해해 주고, 오래 참아주고, 맘에 안 드는 행동을 해도 자기 재산은 자기 자식에게 넘겨준다.

하나님은 인간에게 무엇을 요구하면서 인간과 실랑이를 하시는 그런 속 좁은 하나님이 아니다.

그러기에 하나님은 어설프고 자기중심적이며 이기적 욕

구로 가득 찬 인간을 혼내키려 드는 것이 아니라 하나님 생명으로 다시 태어나게 해서 그 거룩한 생명으로 세상의 빛이 되도록 하시는 것이다. 그 생명을 받아서 세상에 존재하게 되면 수많은 어려움과 문제들이 난무한 이 땅에서도 자유를 누릴 수 있게 된다. 그러기에 하나님은 인간에게 죄를 묻는 게 아니라 생명을 받으라고 하시는 것이고, 자기의 생명을 받아 달라고 애원하시는 분이 하나님이다.

그 하나님의 완전의 세계로 초청하는 것이다.

요한복음 3장 17절

하나님이 아들을 세상에 보내신 것은 세상을 심판하려 하심이 아니요 그로 말미암아 세상이 구원을 받게 하려 하심이라

하나님은 인간에게 죄(인간들이 생각하는)를 짓지 말라고 하시는 것이 아니라 의인(하나님 생명 받아 아들됨)이 되라고 하시는 것이다. 믿음이 들어오면 아버지의 사랑의 생명이 인간 몸과 마음에게 영향을 주어 더욱 나은 인간의 모습을 만들어 가며 자라나게 하신다. 서로에게 정죄가 없고 그 누구도 판단하지 않고 허점투성이인 자신에게도 정죄가 없으

면서 그의 삶은 더욱 아름답게 주님의 선하심에 이끌리게 되는 것이다.

마태복음 6장

14 너희가 사람의 잘못을 용서하면 너희 하늘 아버지께서도 너희 잘못을 용서하시려니와

15 너희가 사람의 잘못을 용서하지 아니하면 너희 아버지께서도 너희 잘못을 용서하지 아니하시리라

마태복음 7장

1 비판을 받지 아니하려거든 비판하지 말라

2 너희가 비판하는 그 비판으로 너희가 비판을 받을 것이요 너희가 헤아리는 그 헤아림으로 너희가 헤아림을 받을 것이니라

3 어찌하여 형제의 눈 속에 있는 티는 보고 네 눈 속에 있는 들보는 깨닫지 못하느냐

4 보라 네 눈 속에 들보가 있는데 어찌하여 형제에게 말하기를 나로 네 눈 속에 있는 티를 빼게 하라 하겠느냐

5 외식하는 자여 먼저 네 눈 속에서 들보를 빼어라 그 후에야 밝히 보고 형제의 눈 속에서 티를 빼리라

요한복음 3장

16 하나님이 세상을 이처럼 사랑하사 독생자를 주셨으니 이는 그를 믿는 자마다 멸망하지 않고 영생을 얻게 하려 하심이라

17 하나님이 그 아들을 세상에 보내신 것은 세상을 심판하려 하심이 아니요 그로 말미암아 세상이 구원을 받게 하려 하심이라

로마서 2장

1 그러므로 남을 판단하는 사람아, 누구를 막론하고 네가 핑계하지 못할 것은 남을 판단하는 것으로 네가 너를 정죄함이니 판단하는 네가 같은 일을 행함이니라

2 이런 일을 행하는 자에게 하나님의 심판이 진리대로 되는 줄 우리가 아노라

3 이런 일을 행하는 자를 판단하고도 같은 일을 행하는 사람아, 네가 하나님의 심판을 피할 줄로 생각하느냐

4 혹 네가 하나님의 인자하심이 너를 인도하여 회개하게 하심을 알지 못하여 그의 인자하심과 용납하심과 길이 참으심이 풍성함을 멸시하느냐

로마서 8장

1 그러므로 이제 그리스도 예수 안에 있는 자에게는 결코 정죄함이 없나니

2 이는 그리스도 예수 안에 있는 생명의 성령의 법이 죄와 사망의 법에서 너를 해방하였음이라

16
삼위일체의 허구

1

오래 전 교회 종교 지도자들이 만든 개념인 삼위일체는 성경에서 찾을 수 없다.

말이 안 되는 이론을 만들어낸 것이기 때문에 아무도 이해하지 못한다.

우리는 그것을 이해하고 받아들이는 것이 아니라 교회의 기둥 교리라고 말하기 때문에 단순히 받아들인다.

다음은 삼위일체를 뒷받침한다고 주장하는 성경구절들이다.

요한복음 14장 9절

예수께서 이르시되 빌립아 내가 이렇게 오래 너희와 함께 있으되 네가 나를 알지 못하느냐

나를 본 자는 아버지를 보았거늘 어찌하여 아버지를 보이라 하느냐

마태복음 28장 19절

그러므로 너희는 가서 모든 족속으로 제자를 삼아 아버지와 아들과 성령의 이름으로 세례를 베풀고

요한복음 17장 21절

아버지여, 아버지께서 내 안에, 내가 아버지 안에 있는 것 같이 그들도 다 하나가 되어 우리 안에 있게 하사 세상으로 아버지께서 나를 보내신 것을 믿게 하옵소서

요한일서 5장 6~8절

이는 물과 피로 임하신 이시니 곧 예수 그리스도시라 물로만 아니요 물과 피로 임하셨고 증언하는 이는 성령이시니 성령은 진리니라 증언하는 이가 셋이니 성령과 물과 피라 또한 이 셋은 합하여 하나이니라

삼위일체가 등장하게 되는 이유는 예수는 신인가, 인간인가?

이게 고민이었던 것이다.

분명히 하나님 같은 능력이 나타나는데 분명히 인간임도 사실이라 이것 때문에 헷갈렸던 것이다.

사실 하나님의 성령 안에서는 아버지의 영으로 충만함으로 아버지가 나타나는 것은 당연한 것인데 예수님께 하나님의 능력이 나타난 것에 대해 혼돈이 된 것이다.

성령의 생명이 어떤 생명인지를 모르니까 예수님께 나타난 아버지의 영광을 보면서 삼위일체를 만들어버린 것이다. 이 혼돈은 성령으로 거듭난 새 생명의 실체인 교회에 대해서도 혼돈을 일으키게 되었고, 결국 구원론까지도 혼돈된 것이다.

이렇게 서로 싸우고, 죽이고 하는 일이 일어나게 된 것이 이런 교리를 만들었기 때문이다.

신과의 연합, 신과 하나됨의 세계관이 없던 인간 세계로서는 예수께서 성령으로 하나님과 연합되어서 하나님이 예수를 통해 나타나시는 영의 세계를 이해하지 못했다.

영적인 세계를 모르기에 이런 오류를 범하게 된 것이다. 그리고 갑자기 그동안 없었던 교리를 만들어 놓고 나니 자기들의 그 결정에 따르지 않는 사람들은 이단으로 처단할 수밖에 없게 된 것이다.

그 이론이 지금까지 기독교 교리로 자리 잡고 내려오고 있다. 나는 이 거듭난 생명의 원리를 깨닫고 예수와 성도와의 관계가 어떠한 생명을 말하는지를 깨닫게 되면서 삼위일체의 문제점을 발견하게 되었다.

예수가 "나와 아버지는 하나이니라"라고 말씀하시는 것은 영적 생명의 원리다.

예수님 자신의 생명은 자기의 뜻대로 사는 자기의 자아가 주체자가 아니라 성령으로 존재하시는 아버지의 영이 주체자라는 것이다. 이것은 예수를 믿는 거룩한 성도도 역시 자기의 자아가 자기의 주체자가 아니라 예수와 연합됨으로 성령으로 존재하시는 아버지의 영이 주체자인 것이다.

성도는 그리스도와 하나라고 성경은 말한다.

그리스도인을 설명할 때 성령으로 거듭난 생명이라고 한다. 그 생명은 성령을 통해 예수 생명을 받은 것을 시인한 사람들이요, 그들의 생명의 주체자는 내가 아니라 그리스도라는 것이다. 그래서 그리스도와 나는 하나라고 하는 것이다.

그리스도는 아버지와 하나이고~

이렇게 아버지 안에 모두를 하나로 연합시키는 이가 성령인 것이다. 성령은 아버지의 영 자체이다.

태양에서 뿜어져 나오는 태양 에너지가 모든 생물을 살게 하듯이 성령은 그 자체가 하나님 아버지이다.

아버지로부터 나오는 에너지라고도 할 수 있지만 또 이 부분이 논쟁거리가 될 수도 있기에 성령을 아버지의 영이라고 정의하겠다.

성령 또한 역시 하나님에 의해서 나타난다.

하나님을 통해서만 존재하는 존재다.

그는 아버지의 완전과 거룩, 아버지의 전지전능을 나타내고 있다. 그래서 오직 성령으로 하나 되어 하나님 나라를 이루는 것이다. 이 성령을 통한 연합의 관계를 이해하면 예수님이 "나와 아버지는 하나이니라"라고 하신 말씀이 무엇을 말하고 있는 것인지 금방 이해가 될 것이다.

나를 본 자는 아버지를 본 것이다.

이 부분도 분명하게 해결이 된다.

예수는 성령에 의해 존재하셨고, 그 성령을 통해 나타나시는 분은 아버지이기에 예수를 보면 아버지를 볼 수 있는 것이다.

예수 안에 있는 내용이 아버지이기에 예수를 보면 아버지가 보이는 것이다.

우리는 바울을 통해, 베드로를 통해 예수를 본다.

그리스도인을 통해 예수가 보여지는 것이다. 그만큼 그리스도인은 그리스도로만 존재되어야 하는 것이다.

아버지 하나님은 인간의 눈에 보이는 존재가 아니다.

사람에게 성령으로 나타나심으로 자기를 드러내고 계시는 것이다. 하나님이 당신을 보이시고 나타내시는 방식이 성령을 통해 사람의 마음에 역사하여 그 사람을 통해 당신을 나타내는 방식이다. 하나님을 보려고 해서는 안 된다.

하나님은 사람의 눈에 보이는 분이 아니라 하나님을 믿는 이의 마음에 나타나기 때문에 성령의 사람을 보면서 하나님을 볼 수 있는 것이다. 그래서 예수를 보면 아버지를 볼 수 있는 것이고, 아버지는 아들을 통해서 나타나고 계신 것이다.

이렇게 하나님의 나라는 오직 하나님의 영으로 온전히 하나 되어 있는 것이다.

요한복음 17장 21절

아버지여, 아버지께서 내 안에, 내가 아버지 안에 있는 것 같이 그들도 다 하나가 되어 우리 안에 있게 하사 세상으로 아버지께서 나를 보내신 것을 믿게 하옵소서

이렇게 아버지 하나님 안에 그리스도도 또한 성도들도 모두 하나가 되어 있는 하나님의 나라인 것이다. 예수님은 늘

기도를 통해 그 나라를 느끼고 아버지로부터 받은 말씀으로만 채워져서 그 말씀이 자신이 되어 있는 것이다.

2

예수님의 잡히시기 전날 밤의 눈물의 절규를 보라. 극심한 공포가 몰려오는데 너무도 고통스러워 견딜 수 없는 순간이었을 것이다.

예수님은 하나님이시니까 두려움도 없었겠지?

그렇다면~

"아버지여 할 수만 있으면 이 잔을 내게서 옮겨주소서~"

이 기도는 무슨 기도였던가?

마태복음 26장 38절

이에 말씀하시되 내 마음이 매우 고민하여 죽게 되었으니 너희는 여기 머물러 나와 함께 깨어 있으라 하시고

이 일을 하러 왔고 자신이 하나님이면 십자가 고통 따윈 전혀 두려울 게 없을 텐데 왜 고민하고 죽음의 고통 앞에 두려워 떨고 있을까

39절 조금 나아가사 얼굴을 땅에 대시고 엎드려 기도하여 이르시되 내 아버지여 만일 할만 하시거든 이 잔을 내게서 지나가게 하옵소서 그러나 나의 원대로 마시옵고 아버지의 원대로 하옵소서 하시고

인간의 몸을 입고 있는 하나님의 아들이 인간 세상에서 어떻게 살게 되는지를 그대로 보여 주신 것이다.

신의 생명을 받은 인간의 이 땅 살기.

이것은 바로 그리스도의 생명으로 거듭난 성도의 삶 그 자체인 것이다. 인간의 몸을 입고 있는 하나님의 아들인 그리스도인이 인간 세상에서 어떻게 살게 되는지를 또한 보여주고 있는 것이다. 예수님과 하나도 다를 게 없는 성도의 삶의 방식인 것이다.

성령의 생명력과 육을 가진 한 인간으로서 육체가 느끼는 육체의 연약함이 마주치는 치열한 영적 전투가 벌어진 현장이 바로 예수님의 게세마네 기도였던 것이다.

우리도 육체가 느끼는 감정과 육체를 통해 역사하는 의지들이 그대로 있지만 거듭난 생명만이 '나'이기에 그리스도만이 주인된 삶을 살고자 연약한 육체를 타고 들어오는 세력들을 물리치기 위해 깨어 기도하며 영적 전투를 벌이는 것이다.

얼마든지 유혹이 있고 넘어짐도 있지만 분명하게 아는 것은 오직 성령으로만 존재함이 나의 존재방식이라는 것이다.

예수님처럼 그렇게 성령으로 충만하고, 그렇게 그의 나라의 확신이 충만하고, 그렇게 늘 그 생명으로 존재한다면 예수님처럼 삶이 나타날 것이다.

바울이 그렇게 늘 깨어 말씀과 기도로 충만하니 그에게서 예수님이 행하신 것 같은 일들이 일어나게 된 것처럼….

예수님도 제자들에게 나를 믿는 자는 나보다 더 큰 일을 할 것이라고 말씀하셨다.

요한복음 14장 12절

내가 진실로 진실로 너희에게 이르노니 나를 믿는 자는 내가 하는 일을 그도 할 것이요 또한 그보다 큰 일도 하리니 이는 내가 아버지께로 감이라

3

삼위일체란 단어는 나올 이유가 전혀 없었다. 아니 절대로 만들지 말았어야 할 단어이다.

삼위일체란 교리 때문에 그리스도인의 생명의 실체, 그 새

생명의 세상살기를 이해하는 데 방해가 생긴 것이다. 이천 년 동안의 구원론 논쟁의 원인도 역시 삼위일체 이론의 영향이 크다고 본다.

예수님이 보여 주신 그대로가 성도의 믿음의 삶인 것인데 교인들은 예수는 신이고 우리는 인간이라는 믿음 때문에 인간의 세계와 하나님의 세계의 분리가 일어나게 되는 것이다. 그러다보니 믿음으로 구원이 무엇을 말하는 지도 헷갈렸던 것이고 믿음이 무엇인지 헷갈리니 이제는 행함으로 구원을 얻는다고 하면서 서로 논쟁을 하게 되는 것이다.

교회는 그리스도와 한 몸이 되어 하나님의 나라가 이 땅에 임하는 것을 나타내는 것이 교회인데, 교회는 하나님의 나라를 바라보기만 하고 땅은 늘 땅일 뿐이라고만 생각하면서 그 나라를 바라보기만 했던 것이다.

예수는 하나님의 아들이 인간으로 존재하는 한 인간이며, 인간이 하나님의 생명으로 이 땅을 어떻게 살아야 하는지를 확실하게 보여 주신 분이다.

그래서 자신을 사람의 아들이라고 줄곧 이야기 한 것이다. "인자는~ (Son of Man)" 이렇게 스스로를 지칭했던 것이다. 사람이지만 영의 생명의 세계에서는 하나님으로 존재케 될 수 있다는 것을 보여 주신 것이다.

이것이 믿음의 세계인 것이다.

이것만이 성도가 가야 할 길이다.

처음 사람인 아담이 인간의 대표자였듯이 예수는 마지막 아담으로 인간의 대표자로 있는 것이다.

고린도전서 15장 45절

기록된 바 첫 사람 아담은 생령이 되었다 함과 같이 마지막 아담은 살려 주는 영이 되었나니

모든 하나님의 아들들은 그 예수 안에 한 생명으로 존재하여 그와 함께 영원히 있는 것이다.

한 생명 하니까 자꾸 육체적인 한 몸을 생각하는 이들이 있다. 성령으로 하나라는 것이다. 성령으로 하나라는 것은 오직 믿음으로 하나 되어 있는 것이다. 그러기에 하나님의 아들들의 대표자인 예수는 아버지를 향한 믿음으로 분명히 있고 교회인 믿음의 자녀들도 그리스도 안에 분명히 있는 것이다.

내가 없어지는 것이 아니라 나의 믿음이 그것을 고백하고 있는 것이다. 그러니 내 안에 그리스도가 주인 되어 있는 것이다. 오직 예수만 주인 삼고 그 자리를 떠나지 않고 나의 믿음의 의지가 오직 믿음만 붙잡고 거기에 있는 것이다.

나의 믿음이 분명히 있어야 나와 예수와 하나인 것이다. 그러나 하나라는 것은 예수만 나타나는 생명의 원리가 있다. 나도 있고 예수도 있는 머리가 둘인 그 생명은 하나일 수 없다. 샴쌍둥이는 몸은 하나이나 머리가 둘이기에 두 존재인 것이다. 이 두 생명은 하나라고 볼 수 없다.

그러나 그리스도인은 한 존재로 이해해야 한다.

그리스도로 존재하는 것만이 믿음의 실체인 것이다.

그리스도인이란 예수와 연합된 한 몸된 존재를 말한다.

그리스도와 내가 하나라고 한다면 두 인격체인가?

아니다. 한 인격체만 있는 것이다.

왜냐하면 나는 죽었고 예수의 세계, 예수의 능력, 예수의 비전, 예수의 마음이 되어 있는 나만 있는 것이다.

나는 죽었고 오직 예수밖에 없음을 시인하고 오직 그 믿음의 고백을 하고 있는 내가 예수와 연합되어 있는 것이다.

이것이 믿음으로 하나된 생명의 비밀이다.

영의 세계에서는 이게 가능한 것이다.

교회는 그리스도와 연합해 있고 그리스도는 아버지와 연합해 있는 것이다.

아버지는 그리스도 안에 주인으로 계시고, 그리스도는 그 아버지의 영으로 우리 안에 주인으로 계시는 것이다. 그러므로 아버지 사랑 안에 모두가 하나가 되어 있는 것이다.

우리는 예수님이 성령으로 잉태되고 성령으로 충만해서 오직 하나님의 뜻대로만 순종하는 삶을 살았다고 해서 예수를 아버지 그 자체로 착각할 필요가 전혀 없으며 삼위일체라는 이해하기 힘든 이상한 이론을 만들어낼 필요가 전혀 없다. 내가 제시하고 있는 하나님 안에 모두가 하나 되는 이 원리로 하나님의 세계를 충분히 설명할 수 있는 것이다. 예수님께 아버지의 영이 있어 신성이 나타났다고 삼위일체를 만들어낼 필요가 없었던 것이다.

예수님은 하나님 아버지의 아들 그 이상 아무것도 아니다.

예수는 스스로 존재하시는 분이 아니다.

예수는 자기 생각대로 뭘 주장하고 관철시켜서 늘 세 분의 합의하에 무엇을 결정하는 것이 아니다. 하나님과 의논해서 하나님의 뜻이 정해지는 삼위일체 이론은 성경에는 절대 찾아 볼 수 없다. 하나님이 예수님과 또는 성령과 뭘 의논하는 성경구절을 본 적이 있는가?

기독교 교리로 삼위일체를 말한다면 예수는 스스로 존재하는 분이어야 한다. 그러니까 아버지에 의해서 태어난 존재가 아니어야 한다.

그러나 성경은 예수는 아버지에 의해서 태어났고, 아버지에 의해서 존재하며 아버지의 뜻대로 존재하는 분이라는 것이다.

삼위일체라면 아버지도 예수의 뜻대로 존재해야 하는데 아버지는 절대 예수의 뜻대로 존재하는 분이 아니다.

예수는 오로지 아버지 하나님의 작품으로 존재하는 아들일 뿐인 것이다.

예수는 스스로 존재하시는 분이 아니라 아버지에 의해서 존재하고, 아버지는 예수에 의해서 존재하는 것이 아니라 스스로 존재하시는 분이다.

골로새서 1장 15절

그는 보이지 아니하는 하나님의 형상이시요 모든 피조물보다 먼저 나신 이시니

하나님은 보이지 않지만 하나님이 예수님께 나타나심으로 하나님이 보여지는 것이다. 그래서 하나님의 형상이라는 것이다.

사람도 하나님의 형상이다.

모든 피조물보다 먼저 나신 이시니

The firstborn over all creation

성경은 정확하게 말하고 있다, 먼저 태어났다고.

삼위일체를 무조건 신봉하는 사람들은 이 말씀을 어떻게 해서든 다르게 해석하고 싶을 것이다.

예수는 스스로 존재하는 자라는 것이냐?

누군가에 의해서 태어나졌다는 것이냐?

성경 전체에 흐르는 주제는 하나님만이 주권이 있다는 것이다. 예수는 오직 아버지에 의해서만 존재하는 분이다.

요한복음 17장 7절

지금 그들은 아버지께서 내게 주신 것이 다 아버지로부터 온 것인 줄 알았나이다.

8절 나는 아버지께서 내게 주신 말씀들을 그들에게 주었사오며 그들은 이것을 받고 내가 아버지로부터 나온 줄을 참으로 아오며 아버지께서 나를 보내신 줄도 믿었사옵나이다

9절 내가 그들을 위하여 비오나니 내가 비옵는 것은 세상을 위함이 아니요 내게 주신 자들을 위함이니이다 그들은 아버지의 것이로소이다.

이러한 말씀들은 끝도 없다. 그냥 성경 전체가 아버지 하나님만이 주권자임을 말하고 있다.

억지로 삼위일체를 이해하려니 이게 이해가 안 되는 것이다. 도대체 삼위일체를 왜 그토록 주장해야 하는지 말해 보라. 예수는 하나님의 아들이라고 성경이 그토록 전하고 있는데 그냥 아들 하면 될 것을 왜 삼위일체를 만들어내야 했는지.

아들이라는 단어 자체가 아버지에 의해서만 존재함을 말하는 것이다.

히브리서 1장

5절 하나님께서 어느 때에 천사 중 누구에게 너는 내 아들이라 오늘 내가 너를 낳았다 하셨으며 또다시 나는 그에게 아버지가 되고 그는 내게 아들이 되리라 하셨느냐

6절 또 그가 맏아들을 이끌어 세상에 다시 들어오게 하실 때에 하나님의 모든 천사들은 그에게 경배할지어다

맏아들이라고 하신다. 원어로는 '프로토토코스' 이렇게 말한다. 이 말의 뜻은 처음 난, 먼저 태어남. 이런 뜻을 가지고 있다.

로마서 8장 29절

하나님이 미리 아신 자들로 또한 그 아들의 형상을 본받게

하기 위하여 미리 정하셨으니 이는 그로 많은 형제 중에서 맏아들이 되게 하려 하심이니라

그리스도와 그리스도인을 한 형제라고 말하고 있다

이렇게 성경은 아버지와 아들만 존재하는 하나님 나라를 보여주고 있다.

예수는 하나님의 아들이며 성도 또한 하나님의 아들이다. 하나님 나라는 하나님과 아들만 있는 것이다. 그런데 하나님과 아들 역시 성령으로 하나가 되어 있는 것이다.

히브리서 2장 11절

거룩하게 하신 이와 거룩하게 함을 입은 자들이 다 한 근원에서 난지라 그러므로 형제라 부르기를 부끄러워 아니하시고

예수와 예수를 믿는 이들이 다 한 근원인 아버지로부터 낳아졌다는 것.

히브리서 5장 5절

또한 이와 같이 그리스도께서 대제사장 되심도 스스로 영광을 취하심이 아니요 오직 말씀하신 이가 그에게 이르시

되 너는 내 아들이니 내가 오늘 너를 낳았다 하셨고

골로새서 1장 18절

그는 몸인 교회의 머리시라 그가 근본이시요 죽은 자들 가운데서 먼저 나신 이시니 이는 친히 만물의 으뜸이 되려 하심이요

죽은 자들 가운데서 먼저 나신 이시니
firstborn from among the dead

이렇게 간단하게 이해되는 하나님 나라의 생명의 세계를 왜 삼위일체를 등장시켜 혼돈시키고 있는지….

아버지 안에서 모두가 하나라는 이 하나님 나라의 생명의 세계 여기에 왜 세 분으로 해석되는 삼위의 하나님군과 그 다음에 하나님과는 근본이 다른 인간군으로 나뉘어 이해를 하고 있는지….

하나님 나라는 하나님의 생명을 가진 하나님의 아들들이 아버지 안에 있는 것이다.

삼위일체 이론이 없어져야 하는 분명한 이유는 교회의 정체성에 혼돈을 주기 때문이다. 거룩한 아들 생명이 무엇인

지, 하나님과 연합된 진정한 하나됨이 무엇인지 혼돈을 주기 때문이다. 그리스도인이 어떤 생명으로 땅을 통치하게 되는지에 대해 혼돈을 주기 때문이다.

하나님은 자신과 연합된 거룩한 아들의 세계를 말하기 위해 대표자로 첫째 아들인 예수를 이 땅에 보내신 것이다. 그리고 그리스도와 연합된 교회가 하나님의 아들로서 함께 하나님의 나라를 이루도록 하시는 것이다.

성경에 기록되어 있지도 않는 삼위일체를 만들어 놓고 그 교리를 따르지 않는다고 거대 권력인 교회는 그들을 만인이 보는 앞에서 불에 태워 죽였다.

예수 이름으로 말이다.

정작 그런 교회야말로 그리스도의 복음과는 다른 이단 중에 이단이 아니겠는가?

16세기 미카엘 세르베투스는 삼위일체를 부정했다고 화형을 당했다. 칼빈은 그는 이단이기에 사형으로 처벌되어야 마땅하다고 했으며 그의 죽음은 하나님의 뜻이라 여겼다.

하나님의 뜻?

화형으로 사람을 죽이는 것이 거룩하고 사랑이 많으신 하나님의 뜻이다?

설사 이단이라고 하더라도 그런 자들은 모조리 잡아다가

사형을 시켜야 한다고 한다면 그들 또한 그리스도의 복음과는 상관이 없는 이상한 믿음이 아니겠는가?

베드로나 제자들, 바울 등 초기 그리스도인들 중 삼위일체를 주장하는 이는 한 사람도 없었다.

교회가 세워진 이래 지금까지 삼위일체를 만들지 않았다면 교회는 어떻게 되었을까?

삼위일체를 모르고 예수를 믿으면 무엇이 문제가 될까?

제자들은 그런 신학적 용어에 대해 아무것도 모르고도 오직 예수를 믿고 예수를 따라 전 삶을 살았다. 그랬기 때문에 예수와의 연합에 대해 진정한 성령으로 하나됨을 알 수 있었던 것이다. 예수는 신이고 나는 인간, 이렇게 이분법적 나눔이 아닌 온전히 하나됨으로 살 수 있었으며, 나는 죽었고 내 안에 예수가 산다고 고백하는 것이 단지 추상적 개념이 아닌 실제 그리스도인의 삶임을 알 수 있었던 것이다.

그런데 삼위일체가 등장하면서 그리스도와의 연합 개념이 추상적이게 되어 버렸다. 그리스도는 신이고 나는 인간, 그리스도는 믿고 의지하고 바라보는 대상으로서 존재하게 되고, 그리스도가 나의 머리가 되시고 나는 지체로서 진정한 하나됨에 대해 명확하게 이해할 수 없게 된 것이다.

믿음이 무엇인지 몰라서, 구원받은 생명이 어떤 생명인지 모르기에 이렇게 혼란이 생긴 것이다. 우리에게도 성령만이 주인이고 우리도 성령의 생명으로 다시 태어난 신의 아들이어야 한다.

신의 아들, 인간이 아닌 신의 아들로서의 존재.

신의 아들은 어둠도, 불안도, 염려도, 두려움도, 죽음도 없는 존재다. 예수와 연합된 아들로 존재하는 한 생명.

이것을 믿는 것만이 구원이요, 영생이다.

삼위일체라는 말을 버리는 것이 그렇게도 두려운가?

그렇다면 좋다. 삼위일체 안에 당신도 포함시켜라. 그래야 당신에게도 영생이 있는 것이다.

요한복음 3장

6 육으로 난 것은 육이요 영으로 난 것은 영이니

7 내가 네게 거듭나야 하겠다 하는 말을 놀랍게 여기지 말라

요한복음 15장

4 내 안에 거하라 나도 너희 안에 거하리라 가지가 포도나무에 붙어 있지 아니하면 스스로 열매를 맺을 수 없음 같이 너희도 내 안에 있지 아니하면 그러하리라

5 나는 포도나무요 너희는 가지라 그가 내 안에, 내가 그

안에 거하면 사람이 열매를 많이 맺나니 나를 떠나서는 너희가 아무것도 할수 없음이라

6 사람이 내 안에 거하지 아니하면 가지처럼 밖에 버려져 마르나니 사람들이 그것을 모아다가 불에 던져 사르느니라

7 너희가 내 안에 거하고 내 말이 너희 안에 거하면 무엇이든지 원하는 대로 구하라 그리하면 이루리라

요한복음 10장

34 예수께서 이르시되 너희 율법에 기록된 바 내가 너희를 신이라 하였노라 하지 아니하였느냐

35 성경은 폐하지 못하나니 하나님의 말씀을 받은 사람들을 신이라 하셨거든

36 하물며 아버지께서 거룩하게 하사 세상에 보내신 자가 나는 하나님의 아들이라 하는 것으로 너희가 어찌 신성모독이라 하느냐

요한복음 17장

21 아버지여, 아버지께서 내 안에, 내가 아버지 안에 있는 것 같이 그들도 다 하나가 되어 우리 안에 있게 하사 세상으로 아버지께서 나를 보내신 것을 믿게 하옵소서

22 내게 주신 영광을 내가 그들에게 주었사오니 이는 우리가 하나가 된 것 같이 그들도 하나가 되게 하려 함이니이다
23 곧 내가 그들 안에 있고 아버지께서 내 안에 계시어 그들로 온전함을 이루어 하나가 되게 하려 함은 아버지께서 나를 보내신 것과 또 나를 사랑하심 같이 그들도 사랑하신 것을 세상으로 알게 하려 함이로소이다

로마서 6장

4 그러므로 우리가 그의 죽으심과 합하여 세례를 받음으로 그와 함께 장사되었나니 이는 아버지의 영광으로 말미암아 그리스도를 죽은 자 가운데서 살리심과 같이 우리로 또한 새 생명 가운데서 행하게 하려 함이라
5 만일 우리가 그의 죽으심과 같은 모양으로 연합한 자가 되었으면 또한 그의 부활과 같은 모양으로 연합한 자도 되리라
6 우리가 알거니와 우리의 옛사람이 예수와 함께 십자가에 못 박힌 것은 죄의 몸이 죽어 다시는 우리가 죄에게 종노릇 하지 아니하려 함이니
7 이는 죽은 자가 죄에서 벗어나 의롭다 하심을 얻었음이라
8 만일 우리가 그리스도와 함께 죽었으면 또한 그와 함께 살 줄을 믿노니

17
원수를 사랑하라

1

원수를 사랑하라고?

이 무슨… 말이나 되는 소리인가?

나의 가족, 나의 사랑하는 자녀를 그토록 잔인하게 고통과 죽음으로 끌고 간 그 원수를 사랑하라고?

단 하루도 제대로 잠 한숨을 잘 수 없다.

그 생각만 하면 온몸이 굳어 버리는 것 같다.

지금 당장 가서 더욱 잔인하게 보복을 하고 싶다.

그런데 그 힘마저 없어 아무것도 하지 못하고 하루하루 지내는 내 자신이 너무도 수치스럽다.

그런데 사랑하라고?

용서도 아니고 사랑하라고?

이렇게 무책임하게 함부로 말을 해도 되는 건가?

이는 도대체 누구인가?

자기가 원수를 만난 적이 없어서 이렇게 함부로 말하는 것인가? 보복하고 앙갚음을 해도 마음에 응어리가 사라지지 않을 상황에서 그를 사랑하라고 한다면 우리는 열배 백배로 억울하고 분할 수밖에 없을 것이다.

이처럼 인간에게 원수를 사랑하라고 하는 것은 우리를 두 번 죽이는 것이다.

진리를 알면 자유케 된다고?

예수를 믿기 때문에 자유로워지기는커녕 오히려 없던 법까지 우리를 괴롭히며 덤벼든다.

원수를 사랑하라!!! 이 웬말이냐?

보복만 하지 말아라, 이것도 아니고 사랑하라니….

인간이 과연 이걸 할 수 있다고 생각하고 지금 하라고 하는 것인가?

오른쪽 뺨을 때리면 왼편 뺨을 돌려대라고?

이게 가능한 소리인가?

예수 믿고 천국 좀 가보려는데 도대체 왜 이런 말들로 괴롭히는가? 그냥 적당히 좀 하시지 왜 말도 안 되는 것들을 끌어와서 겁주는가? 예수는 인간을 구원하겠다는 것인지 아니면 인간을 괴롭히겠다는 것인지?

자유를 얻게 된다고 해서 예수를 믿었는데 자유는커녕 신경 쓰고 살아야 할 게 너무 많고, 손해 보면서 살아야 하고, 지켜야 할 법들이 더 많아졌지 않나?

내 겉옷을 달라고 하니 속옷까지 벗어주라?

예수를 믿음으로 영생을 얻는 것이지 원수를 사랑해야 영생을 얻는 것은 아니니 골치 아프게 이런 건 생각하지 말자 하며 무시하고 지나가면 그만 아닌가?

아니면 반드시 그 법을 지켜야만 구원이 있는가?

지키지 않아도 된다면 굳이 이러한 법을 말하진 않았을 텐데….

모든 사람에게 자비를 베풀어 주고, 좀 어질고 착하게 살고, 욕심 좀 적당히 부리고, 양보도 하면서 나눌 줄 알고, 남의 입장을 이해도 하면서 살면 그래도 훌륭한 사람이 아니겠는가?

인류의 스승이라고 하는 이들은 다들 이렇게 좋은 말을 해 줌으로서 사람들에게 선한 길로 이끌어 주는데 왜 유독 예수는 선한 것을 넘어서 아예 말도 안 되는 걸 요구하느냔 말이다.

예수의 사랑엔 모순이 있지 않나?

내 가족의 원수를 보복해 주어야 가족의 피맺힌 한을 조금이라도 풀어 줄 수 있지 않겠나?

나를 짓밟고 나의 모든 것을 철저히 앗아간 못된 놈들은 다 용서해 주고, 그것을 당한 자들은 가뜩이나 힘이 없어 당장 보복도 못하고 있는 것도 억울한데 오히려 말도 안 되는 그토록 무거운 짐을 안겨주는 예수는 과연 사랑인가? 아니면 제정신이 아닌 자인가?

이렇게까지 너무 나가지 말고 적당히 옳은 삶을 요구하시면 될 것이지, 왜 이렇게까지 오버하시는지?

이걸 지키려 한다면 그는 예수를 믿기 전보다 오히려 예수를 믿고 난 다음이 더 피곤하고, 더욱 눌리고 갇히지 않겠는가?

내가 생각할 때 예수를 믿는다고 하는 대부분의 사람들은 이 말씀을 대충 넘어가 버릴 것이라고 생각한다.

그러지 않고는 그 짐이 너무 무거워 견딜 수 없을 테니 말이다. 아니면 계속 미워하거나 억울해 하거나 앙갚음을 하면서도 스스로 너무 당연한 것이라고 스스로에게 위로해 주며 자신을 인정해 줄 것이다. 그러면서도 전혀 문제의식을 느끼지 않고 자신에게는 전혀 잘못이 없다고 생각할 테니 말이다.

"나는 결코 문제가 없어!!! 저 죽일 놈이 나쁜 놈이지 내가 무엇이 문제인가?" 하며 그것을 당연시 여기며 전혀 고민도 하지 않을 것이다.

그래서 예수의 계명을 지켜 행해야 한다고 주장하면서 자신은 지키고 산다고 생각하는 이들은 다 위선자로 판명날 수밖에 없는 것이다. 그럼 지킬 수 없는 법이니 지키지 않아도 된다는 것이냐? 그렇다면 그리스도인이 아닌 것이다.

"오직 예수의 십자가의 은혜로 다 용서하여 주셨으니 나는 원수를 사랑하지 않아도 구원받을 수 있어. 내가 계명을 못 지켜도 주님의 사랑이 나를 구원했으니 나는 천국 갈 수 있어~"

이것을 믿음이라고 붙잡고 있으니 존 칼빈은 삼위일체를 부정했다고 그를 화형에 처하도록 했고, 믿음이 있다고 하는 그리스도인들끼리 서로 판단하고 죽이는 참혹한 일들이 일어나게 된 것이다.

2천 년 동안 기독교의 역사는 가톨릭부터 개신교에 이르기까지 피비린내 나는 서로 죽고 죽이는 역사가 바로 기독교의 역사이다.

지금의 교회들은 이것을 인간의 연약함, 당시의 판단미숙이라고 생각할 것이다.

그러나 내가 볼 때 단순히 인간의 연약함만의 문제가 아니라고 생각한다. 연약함이라면 잘못을 깨달아 알았을 텐데 그들은 사람을 그렇게 잔인하게 죽이고도 전혀 문제의식을 못 느낄 뿐만 아니라 오히려 하나님께서 원하시는 것이라 여겼으니 말이다. 이것을 보면 뭔가 복음을 잘못 알고 있어도 단단히 잘못 알고 있었음이 분명하다.

그리스도의 십자가 복음, 원수를 사랑하는 복음, 성령의 생명을 받아 사는 새 생명의 삶이 무엇인지를 모르니 이렇게 잔인할 수가 있지, 복음을 가진 자라면 결코 그렇게 할 수는 없었을 것이다. 복음을 가진 자라면 예수 생명을 가진 것인데, 예수가 그렇게 하실 리가 없지 않겠나?

유럽의 교회가 가진 복음을 보면 십자가 사랑을 보기가 어렵다. 십자가 사랑은 예수가 베푸신 것이지 예수의 은혜를 입은 자들은 그 계명으로부터 얼마든지 자유로울 수 있다고 생각하는 것 같다.

2

다른 어떤 선각자들과는 다르게 예수의 이 가르침이 바로 특별한 점이다. 인류 역사 가운데 예수 한 분, 유일하게 단 한 사람밖에 없었다. 원수사랑이라는 이 명제, 이 길만이 진정한 평화를 가져올 수 있는 유일한 길인데 그 길을 말하는 자는 단 한 사람 예수 외에는 아무도 없었던 것이다.

이 가르침을 주는 이는 인류역사 가운데 왜 예수만이 유일할까? 왜 아무도 원수를 사랑하라는 말만큼은 할 수 없었을까?

그 이유는 간단하다.

인간은 그것을 할 수가 없기 때문이다.

불가능한 것, 말도 안 되는 것을 하라고 하면 어느 누가 그의 말에 귀를 기울이겠는가?

그러나 예수의 가르침을 보면 늘 말이 안 되는 말만 하고 있는 것을 볼 수 있다. 그는 인간으로서 인간의 말을 하는 것이 아니기 때문에 인간이 이해할 수가 없는 것이다. 늘 쫓아다니던 제자들도 도무지 알아들을 수 없는 말들이었다.

제자들이 성령을 받고 나니까 그때야 비로소 그 세계를 이해할 수 있었던 것이다. 성령이 들어오니 하나님의 세계가 보이기 시작한 것이다.

그러니 주님은 이 말씀은 인간의 육적 생명들에게 지키라고 하는 말들이 아니었던 것이다. 성령을 받은 하나님의 아들들에게 주시는 말씀이었던 것이다.

나는 지금까지 사람을 판단하는 것 하나도 멈추게 하지

못하고 있다. 나는 사람을 판단하는 것을 멈추고 싶으나 아마도 죽을 때까지 불가능하리라 생각한다.

하나님은 육의 세계에 속한 인간 생명에게 원수사랑을 요구하고 있는 것이 아니요, 오직 거듭난 성령의 생명들에게 말씀하고 계시는 것이다. 그래서 오직 믿음만 붙들라는 것이다.

믿음이란 나는 죽고 내 안에 그리스도가 사시는 것을 믿는 것이기에 그 생명은 그리스도이며 그리스도는 결코 원수를 사랑하고야 만다는 것이다.

그렇게 그리스도의 사랑이 원수를 사랑하시는 역사를 나를 통해 이루시겠지만 그것을 그대로 수용하지 못하는 나는 그분의 일하심에 저항하고 반항하고 외면하려들 때 내 속에 계신 성령은 빛으로 나를 이끄신다. 그래서 우리는 기도할 수밖에 없는 것이다. 그 힘 앞에 복종되게 해달라고….

나는 못하니 나의 머리 되시는 주님이 나를 다스리시고 내 마음을 주장해 주시고 내 감정을 붙들어 달라고 간절히 구할 수밖에 없는 것이다.

그래서 그리스도인들은 날마다 부르짖고, 간절히 찾고 구하게 된다. 믿음에서 나오는 이 기도는 인간 내 감정과 상관없이 오직 믿음만이, 오직 성령으로만 내 감정을 지배하도록 구하고 있는 것이다. 무겁고 버겁고 하는 것은 인간의 감정이고 지금 나는 아버지를 원하고 바라고 찾고 있는 그 거룩한 아들이라는 것이다.

찾고 구하는 자가 믿음의 사람이다.

믿음이 있는 자는 반드시 그 말씀대로 순종되기를 구한다.

내가 지켜 행해야 하는 부담감이 아닌 예수만이 나타나서 나를 다스려 달라고 구하고, 찾고 두드리며 그 길에 담대히 서 있는 것이다. 이 부르짖음이 믿음이다. 믿음이 있으니 믿음이 내 속에서 일하는 것이다. 믿음은 무거움일 수 없다.

믿음이 있기에 갈망하게 되고, 믿음이 있기에 애절함이 있고, 믿음이 있기에 그 믿음이 속에서 열정과 비전으로 타오르게 한다.

믿음이 분명하면 그 길을 사모하고 바라보게 되기에 인간의 어떤 작용들을 밀어내고 싶어 더욱 주 앞에 나아가게 된다.

그 뜨거운 믿음의 열정을 삼키려는 사탄은 인간 이성과 감정을 타고 들어오지만, 성도는 그의 나라와 그의 의를 구하게 된다. 그렇게 완전하신 하나님을 구하는 것이 믿음이며 거기까지가 성도의 몫이다. 인간인 내 힘으로 원수를 사랑하게 해달라고 구하는 것이 아니라 나는 할 수 없는 그 일을 주님께 맡기는 진짜 생명만 붙들고 끝끝내 승리할 수 있기를 갈망하는 것이다.

그 모든 결과와 열매는 주님이 친히 이루신다. 나는 가지로서 가만히 그 자리에 붙어 있으면 열매는 저절로 맺히게 되는 것이다. 구하고 찾는 것이 믿음이다. 구하는 자는 결국 얻게 된다.

마태복음 7장

7 구하라 그리하면 너희에게 주실 것이요 찾으라 그리하면 찾아낼 것이요 문을 두드리라 그리하면 너희에게 열릴 것이니
8 구하는 이마다 받을 것이요 찾는 이는 찾아낼 것이요 두드리는 이에게는 열릴 것이니라

요한복음 15장

7 너희가 내 안에 거하고 내 말이 너희 안에 거하면 무엇이든지 원하는 대로 구하라 그리하면 이루리라

3

그렇다면 왜 예수는 다른 선각자들과는 차별되게 인간에

게는 도저히 불가능한 원수사랑을 말했을까?

인류 가운데 온 선각자들 중 유일한 한 분 예수만이 말씀하신 원수사랑!!!

바로 이것이 놀라운 비밀이다.

그러기에 오직 이 말씀만이 진리인 것이다.

오직 그분만이 하늘로부터 오신 분이 확실하다.

오직 그분만이 영생이요, 빛이요, 진리이다.

왜냐하면 원수사랑이 아니면 인류는 결코 평화가 깨질 수밖에 없기 때문이다.

아무리 착하게 살아도 평화는 오지 않는다. 아무리 착하게 살려고 해도 이상한 짓을 하고 훔쳐가는 원수는 항상 존재하며, 조금이라도 보복하면 그 역시 반격하고 보복할 것이다. 보복은 더 많은 보복으로 이어진다.

원수는 작게는 개인에서부터 가족 단위, 그리고 큰 민족과 국가에 이르기까지 생겨난다.

아무리 착하게 살려고 해도 어느 정도만 참으면 세상 사람들 사이에 평화가 이루어질 수 없지만, 원수를 사랑하는 데까지 가야만 평화가 올 수 있다.

원수까지 용서하고 사랑하게 되면 그 어떤 판단도 할 이유가 사라지기 때문에 미움, 반목, 싸움은 끝이 나버리는 것이다. 원수가 져야 할 십자가를 원수를 위해 대신 짊어지고, 원수를 끌어안아 버리는 사랑, 이 길 외에는 인류 평화란 결단코 올 수 없다.

인류의 모든 사람이 이 메시지를 받지는 못하기에 결코 인류의 평화는 올 수 없을 것이며 또한 이 메시지는 받아서 가지고 있다 하더라도 인간의 연약함에서 어떤 잘못이 나타날 수밖에 없기에 인간 세계에서는 온전한 평화가 이루어지지는 않을 테지만 이 메시지만큼은 길이요, 진리요, 생명인 것은 확실하다.

이 메시지를 받고 그 말씀 앞에 선 사람에게 만큼은 진정한 평화가 오기 때문이다.

3년 동안이나 줄곧 쫓아다니며 그들의 삶을 송두리째 내던졌던 예수의 제자들까지도 그 평안은 얻지 못했었다. 정작 그리스도가 떠난 후 성령으로 거듭나고 나니 그 생명이 스스로 역사함으로 원수를 사랑할 수 있었던 것이다.

그 어떤 원수라도 믿음의 빛, 바로 그 생명을 가진 이들로부터는 결단코 평안을 빼앗아갈 수 없다.

이 믿음은 가정을, 사회를, 국가를 사랑으로 하나 되게 만든다.

마태복음 5장

38 또 눈은 눈으로, 이는 이로 갚으라 하였다는 것을 너희가 들었으나

39 나는 너희에게 이르노니 악한 자를 대적하지 말라 누구든지 네 오른편 뺨을 치거든 왼편도 돌려 대며

40 또 너를 고발하여 속옷을 가지고자 하는 자에게 겉옷까지도 가지게 하며

41 또 누구든지 너로 억지로 오 리를 가게 하거든 그 사람과 십 리를 동행하고

42 네게 구하는 자에게 주며 네게 꾸고자 하는 자에게 거절하지 말라

43 또 네 이웃을 사랑하고 네 원수를 미워하라 하였다는 것을 너희가 들었으나

44 나는 너희에게 이르노니 너희 원수를 사랑하며 너희를 박해하는 자를 위하여 기도하라

45 이같이 한즉 하늘에 계신 너희 아버지의 아들이 되리니 이는 하나님이 그 해를 악인과 선인에게 비추시며 비를 의로운 자와 불의한 자에게 내려주심이라

46 너희가 너희를 사랑하는 자를 사랑하면 무슨 상이 있으리요 세리도 이같이 아니하느냐

47 또 너희가 너희 형제에게만 문안하면 남보다 더하는 것이 무엇이냐 이방인들도 이같이 아니하느냐
48 그러므로 하늘에 계신 너희 아버지의 온전하심과 같이 너희도 온전하라